全彩版

少年爱读的中国史

宋元明清卷

何殇 著

清朝

河北出版传媒集团
河北人民出版社
石家庄

图书在版编目（CIP）数据

少年爱读的中国史．宋元明清卷．4，清朝 / 何殇著
．-- 石家庄 : 河北人民出版社，2023.8
ISBN 978-7-202-16447-1

Ⅰ．①少… Ⅱ．①何… Ⅲ．①中国历史—清代—少年读物 Ⅳ．①K209

中国国家版本馆 CIP 数据核字（2023）第 147355 号

目录

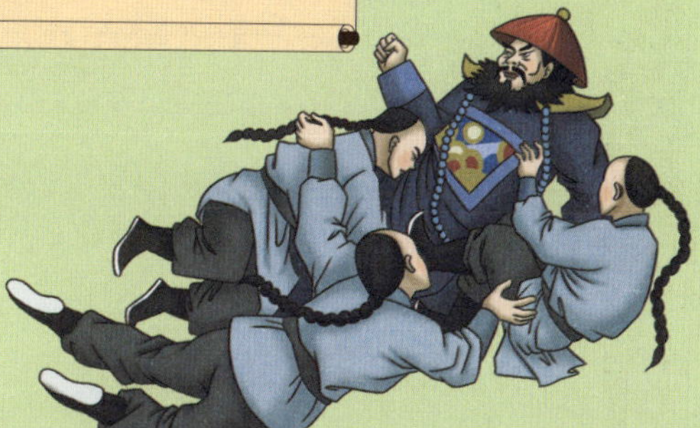

清朝（公元 1636—1912 年），正式国号为大清国，是中国最后一个专制王朝，统治者为爱新觉罗氏。

其前身是努尔哈赤在满洲建立的后金，后来皇太极改为大清。直至公元 1912 年，中华民国建立后清朝统治结束。

清朝时期，统一多民族国家得到进一步巩固和发展，清朝统治者统一了蒙古诸部，将新疆重新纳入版图，积极维护国家领土主权的完整。

晚清发生了帝国主义侵略战争和割地赔款的屈辱历史事件，但在严重的内忧外患冲击下，晚清政府仍然采取了若干措施，基本保留了多民族国家的格局，完成了自己的“历史使命”。

1 十三副盔甲打天下

清朝原来不叫“清”，而叫后金。提到“金”，是不是想起了女真族完颜氏创立的那个金朝？没错，这个后金也是女真族，是建州女真。与南宋并立的金灭亡后，东北仍然存在着建州女真、海西女真和野人女真三大女真部落。

明朝时期，建州女真被明成祖朱棣划分为建州三卫。明朝利用女真族内部的矛盾，提拔一些部落，打压另外一些部落，维系着东北地区的势力平衡。其中，建州左卫指挥使的第六代孙就是爱新觉罗·努尔哈赤。也正是这个努尔哈赤，最终建立了后金政权。

明朝比较强盛的时候，建州三卫还不能造成什么威胁，但明朝万历皇帝以后，中央朝廷衰落，东北地区的建州女真就开始谋求扩张。公元1559年，努尔哈赤出生了，他经历了明朝嘉靖、万历两代皇帝。他的人生经历很丰富，挖过人参，采过松子，摘过榛子，捡过蘑菇、木耳，学过蒙古语，对汉文化也有一定的了解，尤其喜欢读《三国演义》《水浒传》，还从中学到不少谋略。

努尔哈赤为什么要反抗明朝呢？主要原因是明朝辽东总兵李成梁杀了努尔哈赤的外祖父，不久之后，他的祖父和父亲也被杀，当时年仅二十五岁的努尔哈赤没有力量向李成梁复仇。于是他选择重整旧部，用祖父和父亲留下的十三副甲胄起兵，先着手统一建州女真各部。

努尔哈赤先攻打出卖祖父的仇人尼堪外兰，然后逐一兼并建州女真各部。那个时候，东北女真部落与部落之间，卫与卫之间，大小征战不休，明朝廷也见惯了，不以为意。公元1588年，努尔哈赤攻克完颜城，兼并了建州女真最后一个部落。

整合了建州女真后，努尔哈赤就把兵锋指向海西女真、野人女真，他们可不好对付。海西女真中的叶赫部就是非常强劲的对手。叶赫部在被打败的时候，曾经发下毒誓：哪怕我们部落就剩下一个女人，也要毁灭你们爱新觉罗！历史在这里给人们开了一个玩笑，这个叶赫部不是别人，就是我们熟悉的慈禧太后祖上的叶赫那拉氏部落。努尔哈赤费尽九牛二虎之力征服的海西女真叶赫部，在三百年之后把持了建州女真爱新觉罗氏建立的大清朝廷。

明朝廷始终没有重视努尔哈赤的各种动态，等到努尔哈赤统一了女真各部，他的野心方才显露出来。公元1616年，努尔哈赤在赫图阿拉（在今辽宁省抚顺市）称大汗，国号大金，年号天命，史称后金。两年后，努尔哈赤宣读了对明朝的“七大恨”，开始率领军队进攻明朝，大肆劫掠辽河以东地区。

辽东边境要地接连失陷的消息传入京城，万历皇帝恼怒之下，连忙召集文武群臣商讨对策。在经过紧急商议之后，万历皇帝任用杨镐为辽东经略，总督辽东之地的军务，并联合叶赫部、朝鲜军队一起共计约十万人，奔袭辽东前线，意图一举荡平后金政权。于是，明清历史上著名的“萨尔浒之战”打响了。

明军主将杨镐坐镇沈阳，兵分四路围剿努尔哈赤。努尔哈赤的对策是“凭你几路来，我只一路去”。明朝的三路大军接连覆灭，杨镐输了萨尔浒之战。经此一战，后金获胜，明军渐

努尔哈赤半身图

渐失去了对辽东的控制，后金从根本上改变了与明朝廷的隶属关系，为日后入主中原奠定了基础。后来努尔哈赤把国都迁到了沈阳，后金政权算是立住了。

但努尔哈赤怎么也没有想到，骁勇善战的后金大军竟然栽在了一个明朝的进士手上，他就是袁崇焕。袁崇焕不仅把军力部署在山海关，而且深入山海关以北，挡在了宁远这个地方。努尔哈赤十分恼火，发动了宁远之战。但是袁崇焕的打法太先进了，读书人的脑子相当管用，他搬出了葡萄牙造的红衣大炮，把努尔哈赤的后金军轰得很惨。

热兵器打冷兵器根本就是降维打击，努尔哈赤见势不妙，只得率军退回沈阳。有一种说法是，努尔哈赤在宁远之战中受了伤，具体情况不可知，但袁崇焕至少给努尔哈赤带来了非常大的打击，进攻大明的计划因此而止步不前。

半年后，努尔哈赤就病死于沈阳。

太平有象瓷尊
现藏台北故宫博物院

历史加油站

八旗军队

努尔哈赤的军队战斗之所以强悍，一个重要原因是他建立了“八旗”制度。起初后金军队只有四旗——黄、白、红、蓝，后来增加镶黄、镶白、镶红、镶蓝，总共八个旗。八旗兵战时为兵，平时为民，直接隶属于努尔哈赤及其子侄，具有很强的依附性，所以他们打仗十分拼命。

2 从后金到大清

公元1626年，努尔哈赤去世，他的第八子皇太极继承了汗位，年号为天聪。

跟努尔哈赤相比，皇太极更接受汉人文化，他大刀阔斧地仿照明朝制度进行改革，加强中央集权，比如设置了都察院、理藩院、六部，是为八衙门。他还扩大了八旗，增加了八旗蒙古和八旗汉军。他还将沈阳改名为盛京。当然，他改变最大的是把女真族改为满洲族（满族），今天的满族就是曾经的女真族。除了改族名，皇太极还改了国号。努尔哈赤建立的政权叫大金，史称后金，1636年，皇太极把大金改为大清，并称帝，于是中国历史上最后一个王朝就这样出现了。

光改了族名、国号不算什么了不起的事，皇太极更大的贡献还在于他把满人的影响向中原又推进了一步。宁远之战后，父亲努尔哈赤去世，皇太极发誓要向袁崇焕报仇，他发动了宁锦之战。

但是袁崇焕太厉害了，几战下来，皇太极的大军伤亡惨重，而袁崇焕的宁远城却屹立不动。又过了不久，袁崇焕竟然派大将祖大寿等人从城内攻了出来。袁崇焕坐镇指挥，又开始放红衣大炮，八旗兵一排排倒下。皇太极见势不好，赶紧退兵。此战明军防守成功，“宁锦之战”变成了明朝的“宁锦大捷”。

硬打是打不过，皇太极准备改变策略。想要夺取北京，从辽西、山海关入关是没可能了，因为袁崇焕阻挡在这里。搬不开这块绊脚石，皇太极准备绕着走，改从蒙古入境，从正北方

向进攻，这样就必须先拿下察哈尔。

皇太极在之前的征战中，曾经与蒙古科尔沁等部有结盟，他召集与察哈尔不和的蒙古诸部进行会盟，然后派出两个幼弟——多尔衮、多铎率领大军出征察哈尔。察哈尔被打败了，北京城岌岌可危。面对来势汹汹的皇太极，崇祯皇帝赶紧召回袁崇焕防守北京。

这一战在历史上叫“己巳之变”，危难之际，袁崇焕回防成功，清军不得已退兵。北京守住了，袁崇焕又为大明立下了赫赫功劳。然而，此战过后，多疑的崇祯皇帝却中了皇太极的离间计。整个事件是这样开始的：清军偶然间抓获了负责在城外替崇祯皇帝养马的太监杨春、王成德。皇太极找来了几个明军降将，特意当着两个太监的面，装作不经意地说：“这次吃了败仗，是我故意为之，今天从明军那里来了个军官，我们已经商议好了，大事不久可定……”这个军官是谁？他们没有明说，但杨春、王成德认为就是袁崇焕，他们听到这个消息，无比震惊，感觉立大功的机会来了。

第二天，这两个太监趁清军“疏忽”，逃了出来，匆忙进宫向崇祯皇帝告密。崇祯皇帝本性多疑，竟相信了谎言，立刻召见袁崇焕。崇祯皇帝不仅不嘉奖袁崇焕千里驰援的功劳，反而认为他能够及时赶到京城，一定是事先和皇太极约定好的。

袁崇焕平日里多少有些傲慢，有点儿功高盖主的趋势，崇祯皇帝本来就对他有些忌惮，这两个太监带来的消息，极完美地“佐证”了崇祯皇帝的猜疑，所以他完全听不进辩解，以谋反罪将袁崇焕逮捕。最后袁崇焕被凌迟处死，下场非常惨烈。对于明朝而言，袁崇焕之死是个大冤案、大悲剧，但对于皇太极而言，却是除掉了一个心头大患。

袁崇焕死后，历史的天平开始逐渐向清朝倾斜。清朝越来越强大，而皇太极特别善于劝降明朝大将，尚可喜、洪承畴、祖大寿纷纷归附清朝。失去了名将的明王朝就像失去了手和足。在清、明和李自成的大顺“三国鼎力”的格局中，明朝显然已经成了最弱的那一个。

然而，皇太极没有赶上明朝灭亡就驾崩于盛京，享年五十二岁。在当时，皇太极的弟弟多尔衮和长子豪格都有资格继承皇位，于是他们展开了帝位争夺战。最终，在满洲贵族的支持下，皇太极的第九个儿子，年仅六岁的爱新觉罗·福临继承皇位。

福临就是顺治皇帝。因为年纪小，由他的叔叔多尔衮帮助他治理国家，也就是“多尔衮摄政”。

嵌米珠珊瑚素钿子
现藏故宫博物院

历史加油站

孝庄太后

孝庄太后是皇太极的侧福晋庄妃。公元 1643 年皇太极驾崩，福临即位为顺治帝，庄妃被尊为圣母皇太后。顺治帝驾崩，康熙帝即位后，孝庄太后又被尊为太皇太后。她享年七十五岁，辅佐顺治、康熙两代皇帝，是位杰出的女政治家。她的谥号为“孝庄仁宣诚宪恭懿至德纯徽翊天启圣文皇后”，因为谥号中有“孝庄”二字，而被世人称为“孝庄太后”。

3 两个降将

大清之所以能统一全国，除了清兵英勇善战，更重要的是皇太极能做到知人善任，巧妙利用了明朝的降将。

洪承畴和袁崇焕的经历很类似，他是进士出身，做了几年官，又跑去督军打仗。崇祯皇帝认为洪承畴很能干，就让他做了延绥巡抚、陕西三边总督兼兵部尚书，督领河南、山西、陕西、四川、湖北的军务，管辖区域非常大。

当时明末起义军中最强的是陕北的高迎祥、李自成，崇祯皇帝让洪承畴专门对付他们，另选卢象升管理其他省的军务。不得不说，洪承畴手段高超，在临潼与李自成一战，大败李自成，还俘虏了高迎祥。随着起义军中最有号召力的“闯王”高迎祥被处死，各地的起义形势陷入低潮。高迎祥死后，李自成只好自号新“闯王”，往四川方向逃跑。洪承畴屡战屡胜，李自成最后带领着仅剩的十八骑逃入陕西商洛的大山中。

但是崇祯帝的对手太多了，刚解决完陕北的农民起义，东北边事又吃紧，崇祯帝只得把洪承畴从西北调到东北，让他做蓟辽总督。洪承畴的对手不是别人，正是如日中天的皇太极。为挽救辽东危局，公元 1641 年，洪承畴率八位总兵、十三万人集结在宁远。按说洪承畴兵力庞大，胜券在握，但他毕竟不是袁崇焕，洪承畴与皇太极的清军决战，结果却是全军溃败。洪承畴不得已选择退守松山城。在清军的重重包围下，洪承畴组织的几次突围都以失败告终。半年过去，城内能吃的东西几乎都被吃光，但朝廷的援军迟迟未到。作为全军的主帅，洪承畴的压力和绝望可想而知。

又过了三个月，清军攻入松山城，洪承畴被俘，皇太极大喜过望。皇太极不仅没有杀掉洪承畴，还派降臣范文程前去劝降。对朝廷忠心耿耿的洪承畴将范文程大骂一通。范文程等到他骂完，绝口不提招降的事情，而是与他谈古论今。忽然，房梁上有灰尘掉到洪承畴身上，洪承畴赶紧用手掸掉了灰尘。范文程暗喜，回禀皇太极，说："洪承畴对自己的衣服都如此爱惜，何况身体呢？"意思是说洪承畴求生欲很强，绝不可以杀掉，应该给予更多关心。皇太极心领神会，亲自探望洪承畴，还解开自己的貂裘大衣给洪承畴披上。皇太极动之以情晓之以理，劝降洪承畴，洪承畴也觉得崇祯皇帝刻薄寡恩、滥杀大臣，两相对比，洪承畴终于被感动，决定投降。

不得不说皇太极真是个善于用人的皇帝，他没有立即给洪承畴官职，而是把洪承畴归入汉军八旗中的镶黄旗，暂时将他雪藏起来。皇太极只让多尔衮、多铎等人在前线作战，等待清军已经占据上风了，洪承畴才被委以重任，负责招抚江南各省大员，除了“机密之事”需要同平南大将军勒克德浑商量，其他招抚之事全都由洪承畴独自决定。他恩威并施，东面半壁江山都逐渐归顺了大清。

镇守山海关的吴三桂也是两方势力争夺的焦点人物。

论年龄，吴三桂比洪承畴更年轻。袁崇焕死后，吴三桂成为守卫山海关最重要的将领。夹马山一战，吴三桂表现出了高超的军事素养，清军也不敢小觑这位年轻的将领。只可惜形势对吴三桂太不利了。

公元1644年，李自成攻破北京城，吴三桂得到京师陷落、崇祯皇帝自缢的消息，一下子失去了依靠。是投降李自成，还是投降清朝？该何去何从？

大顺的李自成多次向吴三桂招降，清朝的多尔衮也向吴三桂伸出了橄榄枝。正犹豫不定之时，一个女人改变了战局。据传，北京破城之际，身在北京的美人陈圆圆被李自成的部下掳走，而这个女人恰恰是吴三桂的爱妾。吴三桂深感屈辱，便投向了多尔衮。就这样，吴三桂加入了清军阵营。山海关关门大开，再也无法阻挡清军的步伐，紫禁城将迎来新主人。

最终，吴三桂联合清军击溃了李自成，将李自成赶出了北京城。

红釉尊
现藏台北故宫博物院

历史加油站

冲冠一怒为红颜

该句出自明末清初诗人吴伟业的《圆圆曲》："恸哭六军俱缟素，冲冠一怒为红颜。"陈圆圆是梨园名伶，秦淮八艳之一。崇祯年间，陈圆圆被外戚田弘遇掠夺到京城，田弘遇为了结交吴三桂，把陈圆圆送给了他。李自成攻占北京，部下刘宗敏抢走了身在京城的陈圆圆，引起了吴三桂对李自成的仇恨。但在真实的历史中，冲冠一怒为红颜的说法为后人杜撰。清朝人编写的明史对此只字不提，说明他们根本不知道有这回事。吴三桂最终选择了投靠清朝，大概率是权衡利弊之后的选择。

4 击败李自成

明末清初的历史特别复杂，除了大明和大清之外，还有多个政权并立。不过具有转折意义的战事发生在大清和大顺之间。

按理说大顺政权应该顺理成章成为明朝之后的“顺朝”，然而，李自成登基后仅仅一天，他便带着队伍急急撤出北京，逃往西安。这是怎么一回事呢？

李自成占据了北京城，胜利在望的他一边招降吴三桂，一边带兵二十万来到山海关，应对清军的进攻。这个时候，守卫山海关的吴三桂便显得十分重要了。由于吴家老小都在李自成手上，吴三桂对于投降李自成还是清朝比较犹豫。然而，最后时刻，在多尔衮的支持下，吴三桂决定投降清朝。于是吴三桂的明军联手多尔衮的清军与李自成的大顺军展开了决战。这一战，李自成的主将刘宗敏受伤，急忙撤退。李自成逃回北京城，手头仅剩三万人，局势急转直下。

但是李自成却做出了一个奇怪的举动，他宣布在北京称帝，并且怒杀了吴三桂亲属大小三十四口。杀吴家亲属还可以理解，但为什么在这个关口，还要称帝呢？公元1644年，在紫禁城武英殿里，李自成的登基大典仓促举行。李自成自知无法

守住北京城，赶紧熔掉在宫中找到的所有金子铸为金饼，然后又绑架了明朝的官员，严刑拷打，让他们吐出钱财来。之后，李自成搜刮了北京城的巨额民财，带着残部逃往西安，临走还放火烧了一部分宫殿。

从北京到西安，李自成的撤退很是狼狈。清军一路追杀，逃到西安的李自成心情并不像在北京建立大顺时那么好，他觉得不安，预感西安城也守不住。随后赶到的清军验证了他的不安。清军迅速攻下了山西太原后，又从陕北、潼关的北、东两个方向夹击陕西的大顺军。

潼关之战特别惨烈。潼关自唐朝以来就是进入陕西的门户，地势险要。冷兵器时代，潼关易守难攻。但是清军特别聪明，他们搬出红衣大炮，用红衣大炮轰击潼关的大顺军。大顺军艰难防守，试图用三百骑兵迂回到清军阵后袭击，但最终失败了。

经过十三天的激战，潼关失守，陕西陷落已成定局。李自成决定放弃西安，他率军经蓝田、商州，走武关，来到湖北襄阳。紧接着大顺军又赶走了武昌的南明将领左良玉，占领武昌。就在李自成计划乘舟东下，夺取东南时，清军水陆两军突然袭来，李自成仓促放弃武昌，向东南方逃亡。但清军在湖北阳新、江西九江接连大败大顺军，李自成眼看东下已无可能，转而向西南进军。

到了湖北通城九宫山，李自成的生命也到了尽头。李自成率轻骑登山探路，结果跟当地村民争执起来。一个说法是李自成被村民击伤头部，误伤致死。还有一个说法是被勒死。更有一种说法是李自成没死，后来出家为僧为道了。李自成的下落至今都是一个谜。唯一可以肯定的是在湖北通城这个地方，大顺军就此瓦解。

说到这里，你可能会问：那张献忠呢？

明末农民起义中，张献忠与李自成是实力最强的两支。张献忠与李自成分道扬镳之后，占据了四川地区，建大西政权，基本上也就割据在这里。清军拿下了陕西，下一步就是进军四川。没想到大西军内部先出现了裂痕，张献忠过于嗜杀，他的一个手下刘进忠怕张献忠加害于他，便率领着部分军队北逃。

此时，皇太极的长子爱新觉罗·豪格率领的清军正好集结在汉中，离四川不远。这位刘进忠迅速投降了清朝，并做了清军的向导，在崎岖不平的蜀地为清军找出了一条攻击路线，清军分两路围剿。双方决战于凤凰山，起先张献忠军队占据上风，击溃了清军左翼部队，又痛打了右翼部队，清军损失了几员重要将领。这时，刘进忠为清军指认出了张献忠，豪格派神箭手狙击，张献忠中箭而亡。

李自成的大顺和张献忠的大西灭亡了，只剩下南明永历政权与清朝对抗。等清朝击败永历帝，基本上也就统一了全国。

翠玉白菜
现藏台北故宫博物院

历史加油站

张献忠的宝藏

张献忠到四川后便大肆搜刮金银财宝，后来他放弃成都北上与清军交战，不幸中箭身亡。但是张献忠一生征战中收缴的巨额宝藏却不知下落。在岷江岸边，江口古镇，几百年来一直流传着张献忠江口沉银的传说。2017 年开始，专家开始对眉州市江口镇的岷江进行挖掘，果然张献忠的宝藏不是传说。经过两次挖掘，专家们一共发现几万件珍贵文物，其中大量为金银财宝。

5 迁都北京

公元 1644 年，清军入关占据了北京城。多尔衮奏请顺治帝迁都北京，顺治帝成为清朝第一个定都在北京的皇帝。不过，此时盛京仍旧是清朝的留都，那里的皇宫至今都完好地保留着，被称作“沈阳故宫”。和明朝南、北二京类似，清朝是“北京—盛京”的二京制。

迁都到北京之后，顺治帝在多尔衮等诸王和满、汉大臣的支持下，在南郊天坛举办了祭天大典，这一举动标志着清王朝成为统治全中国的中央王朝，中国最后一个王朝清朝正式入主北京，进入了属于它的历史。

由于李自成离开北京时毁坏了一部分宫殿，所以清朝占据北京城后，立刻对故宫进行修缮。顺治初期，故宫的三大殿——太和殿、中和殿、保和殿修缮完成。而内政外交、南下征战等大大小小的事务都由摄政王多尔衮完成。虽然皇帝年龄尚小，但清朝国力蒸蒸日上，逐一消灭大顺、大西、南明等分布于中国的多个势力，已成统一中华之势。

然而一个重大变故使清朝出现了短暂的波折——多尔衮死了。顺治七年（公元 1650 年）的年末，外出打猎的多尔衮意外坠马跌伤，医治无效，因伤病故，年仅三十九岁。此时的顺治帝刚刚十四岁，一个国家重担就落在了少年皇帝的肩上。

顺治帝提前亲政，能力却超出了所有人的想象。他不仅强硬地削去了多尔衮的封号爵位，还查抄了多尔衮的家产，很快就摆脱了傀儡地位。他还废除了诸王、贝勒管理各部事务的旧例，提高汉族大臣的地位，使得朝廷中满、汉大臣都能发挥作用。他还到太学祭奠孔子，亲自给孔子像行两跪六叩的礼节。他研读汉文化典籍，对孔子、朱元璋和朱由检都很感兴趣，他通过研读这几位汉族人物的著作，形成了自己的治国思想，他刻苦学习、励精图治，是个难得的好皇帝。

顺治帝知人善用。洪承畴在统一战争中能够发挥较大的作用，离不开顺治帝的提拔和重用。顺治帝还把和硕公主嫁给平西王吴三桂的儿子吴应熊，十分希望满汉一家亲。更有意思的是顺治帝还特别重用一个叫汤若望的教士。汤若望是一个外国人，还是天主教徒。顺治帝让汤若望做了通政使，还封了光禄大夫。但顺治皇帝并不是天主教徒，而是虔诚的佛教徒。

公元 1657 年，顺治帝在海会寺会见了临济宗龙池派和尚憨璞性聪禅师，对佛教产生了兴趣。后来多次交往，顺治帝甚至要出家当和尚。一些影视剧把顺治帝当和尚演绎成了故事，好像发生过一般，其实这是对历史的歪曲。顺治帝最终放弃了出家的念头，而是安排内监吴良辅代替自己出家为僧。

公元 1661 年正月初二，顺治帝亲临悯忠寺观看吴良辅出家，然而就在归来的当晚，顺治帝染上了天花。年仅二十四岁的顺治帝发起高烧，病体沉重，不久人世。他赶紧口授遗诏，立八岁的皇三子爱新觉罗·玄烨为太子，命索尼、苏克萨哈、鳌拜、遏必隆为辅政大臣。口授完遗诏，顺治帝便撒手人寰了。

玄烨的母亲孝康章皇后佟佳氏并不是顺治帝最爱的女人。顺治帝专宠董鄂妃，董鄂妃虽然从来没有当过皇后，却受到了顺治帝最多的宠爱。可惜董鄂妃生下的皇子早早夭折，董鄂妃也在顺治帝驾崩前去世了，否则皇帝这个位置可能就不是玄烨的了。

玄烨能够当上皇帝，还有一个重要的原因，就是他得过天花。当时人们对天花这种病束手无策，得了天花的人要想痊愈只能靠自身强大的免疫力才行。

在由谁来继承皇位的问题上，顺治帝当时有两个选择——皇子玄烨和福全。这时，洋人传教士汤若望对顺治说的一句话改变了两个人的命运，他说："玄烨得过天花，而福全没有，得过天花康复的人就有了终身的免疫能力。"顺治帝考虑到天花的高死亡率，考虑到自己就是得了天花即将命不久矣，所以就排除了福全。

就这样，八岁的玄烨成了大清皇帝，也就是人们常说的康熙皇帝。

清康熙五彩龙纹盘
现藏美国大都会艺术博物馆

历史加油站

两京制

中国古代很多朝代都实行两京制，清朝时期有盛京城奉天府和北京城顺天府，即盛京、北京两个都城。明朝则是北京和南京。有的朝代都城更多，比如唐朝一度是五京，辽代也有上京、东京、南京、中京、西京五个都城，金代则有三个都城。

6 三藩之乱

康熙帝八岁即位，十四岁亲政。在他亲政之前，执掌朝政的是他的祖母孝庄太后和索尼、苏克萨哈、鳌拜、遏必隆等辅政大臣。孝庄太后辅佐过顺治帝，才干杰出。而辅政大臣中，最有名的当属鳌拜，康熙与鳌拜斗智斗勇的故事也流传甚广。

康熙为什么要斗鳌拜？主要还是因为鳌拜对他的权力构成了威胁。康熙在接触朝政的过程中，渐渐认同父亲“满汉一体”的政治理念。但是鳌拜等老臣是满族贵族出身，主张朝廷还是应该由满族人来管理。鳌拜甚至逐渐专擅实权，还居功自傲，结党营私，于是等到康熙羽翼渐丰，就决定果断采取手段除掉鳌拜。

少年康熙帝先召集一些少年侍卫在宫中作“布库”之戏，表面上是闹着玩的，实际是锤炼武艺。鳌拜以为皇帝年少，沉迷嬉乐，不仅不以为意，反而暗自高兴。有一次，鳌拜面见康熙帝，康熙帝突然命令这些少年侍卫逮捕了鳌拜，鳌拜猝不及防，被摔倒在地，束手就擒。朝廷最后定下鳌拜三十条大罪，鳌拜死于狱中。

杀掉了鳌拜，康熙终于正式亲政，康熙认为有三大问题要马上着手解决：一是三藩、二是河务、三是漕运。河务和漕运都是关于水利方面的事情，最主要的还是三藩问题。

清朝消灭南明，大体统一中国后，在云南、广东、福建封了三个汉族的藩王，分别是云南的平西王吴三桂、广东的平南王尚可喜和福建的靖南王耿精忠，这三藩在地方上势力庞大、实力雄厚。

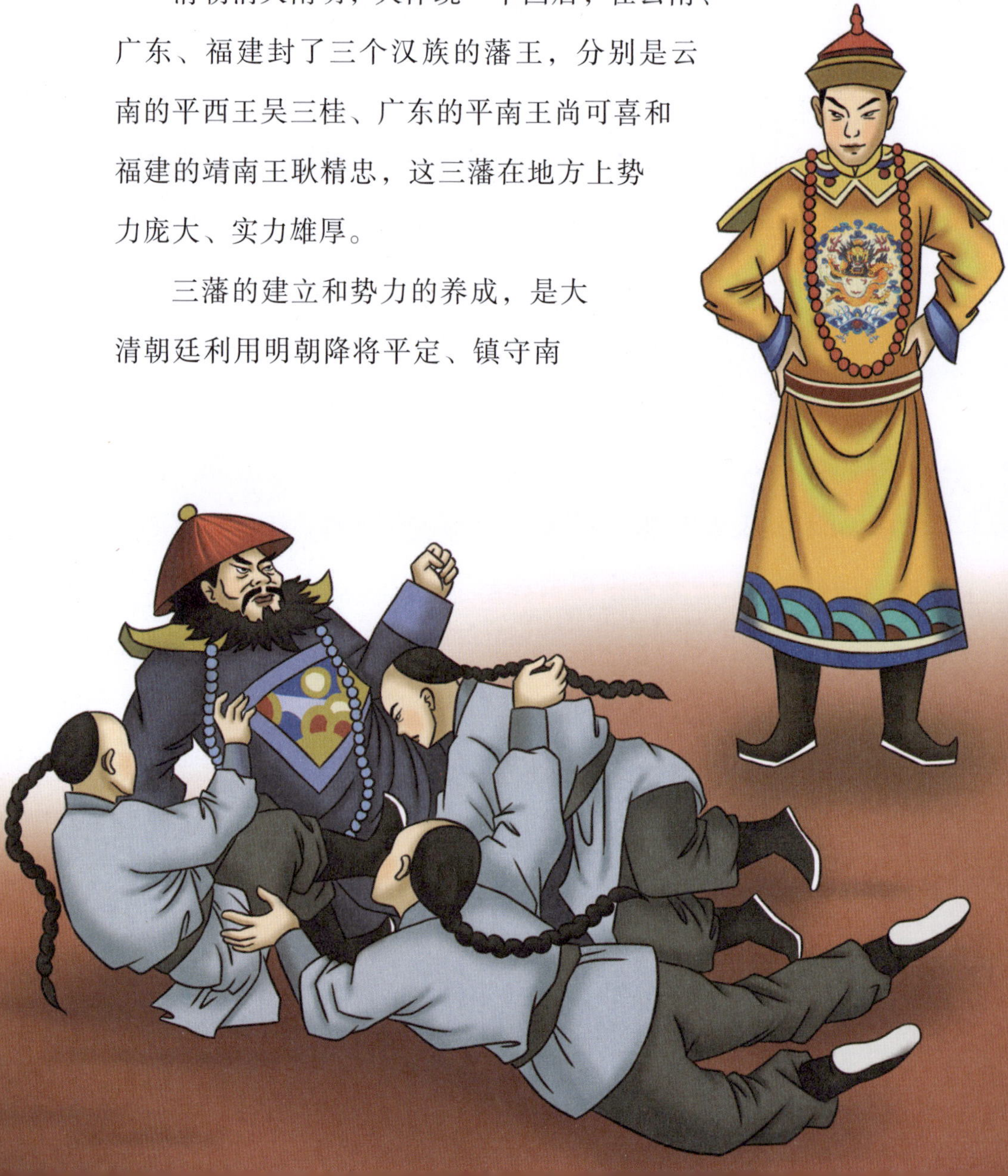

三藩的建立和势力的养成，是大清朝廷利用明朝降将平定、镇守南

方的结果，初期确实起到了镇压南明、大顺、大西等残余势力的作用，甚至很多残余势力还加入这些藩王的集团中。然而时间一久，尾大不掉，三藩成了清朝皇帝最大的政治威胁。

之所以这么说，一是因为这三大藩王拥兵自重，他们可以随意任免地方官员。比如镇守云南、贵州两省的吴三桂，简直是个土皇帝，他任命的官员被称为“西选官”。随着势力的扩大，四川、陕西、广西等地的官员也成了吴三桂的人。二是因为三藩花销很大，据说清王朝一半的财政收入都要花到三藩身上。此外，三藩实力越来越强，势力甚至发展到其他省份，康熙帝和三藩之间就产生了矛盾。

首先行动的并不是康熙帝，而是三藩王。吴三桂察觉到朝廷削藩的意图，开始试探清朝廷，他以眼疾为由假意请求康熙帝解除他总管云贵两省的权力。吴三桂希望康熙帝能够挽留他，结果康熙帝竟然同意了他的请求，这让吴三桂大为不满。后来平南王尚可喜也申请归老辽东，希望让他的儿子尚之信继续镇守广东。靖南王耿精忠也申请解除兵权。结果康熙帝都同意了，不仅解除了他们的官职，还下令三藩撤到山海关外。

这下可惹恼了三位藩王。公元 1673 年，吴三桂率先起兵叛乱，兵出云贵，进攻湖南；尚可喜从广东起兵；耿精忠从福建起兵。吴三桂的旧部将王辅臣也在陕西反叛，就连远在海峡对岸的郑成功之子郑经也从台湾攻了过来。一场大战即将开始，年纪轻轻的康熙帝能否打败老谋深算、具有丰富战斗经验的吴三桂呢？

平藩之战是艰苦的，敌人来势汹汹，加上吴三桂打着“复明”的旗号，很能鼓动一些人以反抗清朝、恢复明朝的名义加入战斗。但康熙帝临危不乱，他亲自在北京指挥作战，有时一天接到几百个前线消息需要处理。康熙帝顶住压力，沉着冷静地应对着三藩军的进攻。

就在多方激烈交战的过程中，战争的转机出现了，吴三桂的旧部将王辅臣兵败平凉，选择投降，紧接着耿精忠、尚之信相继投降，三藩军仅剩吴三桂一线。

吴三桂等不及了，公元1678年，他在湖南衡州称帝，国号大周。尽管前方战事吃紧，但吴三桂仍然要过把皇帝瘾。可惜当年秋天，吴三桂就病死了。虽然他的孙子吴世璠继承了他的帝位，但此时的大周政权，军事实力已经大不如从前。湖南、广西、贵州、四川等地相继被清军攻陷，吴世璠穷途末路，最终自杀身亡，余众也都投降，三藩之乱终告平定。

三藩之战开始的那一年，康熙二十岁，平定三藩的这一年，康熙二十八岁，八年的战斗终于使得这位少年天子成长为千古一帝——康熙大帝。

五彩瓜棱花卉纹提梁壶
现藏美国大都会艺术博物馆

历史加油站

满洲第一勇士

鳌拜出身瓜尔佳氏，是清朝的三代元勋，历经皇太极、顺治帝、康熙帝三代皇帝。他出身将门，精通骑射，早年跟随皇太极征战四方，立下了赫赫战功，成为皇太极最信任的武将，号称“满洲第一勇士”。这个第一勇士的称呼不单纯指他的武功，更多还是指他的军功高。实际上康熙擒鳌拜，并没有影视剧中演得那么夸张，康熙用自己的聪明才智兵不血刃地把鳌拜关入了大牢。

7 郑成功收复台湾

早在三国时期，中国大陆军民便东渡台湾，在那里垦拓、经营着台湾岛。经过历朝历代的发展，大陆与台湾之间的关系日益紧密。直到17世纪，荷兰殖民者趁明末农民起义和东北满族势力崛起，明朝政府处境艰难之时，入侵南台湾。1626年至1642年西班牙人也曾侵占北台湾，后被荷兰人驱逐，台湾沦为荷兰殖民地。

荷兰殖民者营建着热兰遮城，使这里成为殖民者驻守的政治中心。明末时期，大陆战争频繁，无论哪方势力都没有精力收复台湾，直到郑成功的到来。

郑成功起初随着父亲郑芝龙效忠南明隆武帝，然而郑芝龙降清后被杀，隆武政权也覆灭了，郑成功便投靠了南明永历帝。他收编了父亲的旧部，在东南沿海与清军作战。然而永历朝廷最终也被清朝灭亡了，郑成功在大陆难以维系，便决定跨过台湾海峡，收复台湾岛，解决大军的后勤补给问题。

公元1661年，郑成功留下儿子郑经驻守厦门、金门，自已率两万五千人横渡台湾海峡，向台湾进军。此时在台湾的荷兰人虽然只有几千人，然而他们船坚炮利，武器先进，优势还是很大的。

荷兰人的据点是热兰遮城和赤嵌城，两座城互为犄角。郑成功选择在鹿耳门港登陆，如此一来，就避开了热兰遮城的大炮射程。郑成功大军鱼贯而入，切断了两座城市之间的联系。台湾的汉族和高山族百姓见郑成功的大军到来，争先恐后地迎接他们，用货车等工具帮助郑成功军队登陆。

当时荷兰人在赤嵌城的兵力只有四百人，热兰遮城兵力有一千一百人，而且两城各自为战，孤立无援。荷兰人却十分嚣张，他们说，“二十五个中国人合在一起还比不上一个荷兰兵”，“只要放一阵排枪，打中其中几个人，他们便会吓得四散逃跑，全部瓦解。”

但是荷兰人错了，这次他们的对手是郑成功。荷兰上尉佩德尔率领二百四十名士兵，以十二人为一排，以战队队形放排枪袭击明朝登陆军。郑成功部下陈泽率大部分兵力正面迎击，另派一部分兵力来到敌军侧后方夹击。开战之时只见满天都是箭雨，连天空都昏黑起来。荷兰军队早已忘记自己在武器上的优势，完全被恐惧所包围，很多人甚至还没有开火便把枪丢掉了，抱头鼠窜，落荒而逃。

赤嵌城内的荷兰军队此时也已战败，二百人的援军从热兰遮城乘船赶来救援，但只有六十人上了岸，这六十人后来都被郑成功麾下手持大刀的“铁军”砍杀。

荷兰人又出动两艘战舰和两艘小艇打击郑成功。荷兰战舰船体很大，郑成功用六十艘大型帆船包围荷兰战舰。荷兰战舰“赫克托”号率先开炮，火力强劲，但郑军水师个个奋勇争先，经过激烈战斗，最终击沉了“赫克托”号。其他荷兰战舰企图逃跑，郑军水师又继续追击，最终登上了荷兰人的战舰，与敌人展开肉搏战，重创了荷兰军队。虽然几艘荷兰战舰逃跑了，但整体水

战是郑成功胜利了。

赤嵌城挂出白旗投降，荷军只剩热兰遮一座孤城。

热兰遮城城堡坚固，防御设施完备，人数也多。郑成功一方面积极准备攻城，一方面写信给荷兰长官揆（kuí）一劝降。但是揆一拒绝投降，郑成功只好采用围城战，困住揆一。

荷兰殖民当局得知台湾被围，匆忙拼凑出七百名士兵、十艘军舰支援。但是郑成功早有准备，援军见郑军战船阵容雄壮，不敢轻易靠近，在海上停留了一个月才停靠热兰遮城。其中一艘叫“厄克”号的战舰触礁沉没，船上士兵被郑军俘虏，郑成功从俘虏口中得知了荷兰援军兵力数量，便来了个“围点打援”。

决战终于开始了，郑成功下令炮轰乌特利支圆堡，这座小城堡位于热兰遮城的制高点，如果攻克这里，那热兰遮全城所有的目标就成了固定靶子。两个小时内，郑军共轰出两千五百发炮弹，把乌特利支圆堡南部打开了一个缺口，当天便占领了此处，在该堡改建炮台，向热兰遮城轰击。荷兰军终于崩溃了，长官揆一手足无措，向郑成功投降。郑成功宅心仁厚，只扣除了荷兰人的武器，便让荷兰人安全离开了台湾岛。

至此，郑成功收复了台湾，结束了荷兰人三十八年的殖民统治。只可惜郑成功次年就得了急病去世，年仅三十九岁。台湾经郑成功的儿子郑经、孙子郑克塽之手，于公元 1684 年正式纳入大清帝国的版图，隶属于福建省。

牡丹图 恽寿平绘
现藏台北故宫博物院

历史加油站

荷兰入侵台湾

哥伦布发现美洲后，西班牙、葡萄牙凭借航海技术这个先发优势稳步推进自己的海外扩张计划，想要瓜分世界。后起的荷兰人为了争取自己的利益，也逐渐在海上强大起来，他们经营商贸，号称“海上马车夫”。公元 1624 年，荷兰东印度公司为了建立与中国、日本贸易的据点而入侵南台湾，此时明王朝已然风雨飘摇，荷兰人就这样建立了热兰遮城和赤嵌城，盘踞台湾三十八年，直到郑成功收复台湾。

8 雍正设立军机处

康熙帝处理好了西南、东南的边疆问题，便把全部重心放在西北边事上。由于清朝发迹于东北，所以清王朝并不存在东北边患问题。再加上大清宗室与蒙古族的联姻，清朝与蒙古高原上的几个部落关系也不错。

但是蒙古族并不统一，与清朝关系比较好的是正北方的喀尔喀蒙古等部落，西北方的噶尔丹、策妄阿拉布坦、罗卜藏丹津一直觊觎着新疆、青海、西藏这些地方。光动嘴劝服不了，康熙决定用兵西北，解决西北问题。

首先，康熙帝先联络自己的朋友们，他和内外蒙古各部首领在多伦诺尔进行会盟，史称“多伦会盟”。在这次会盟中，康熙帝给喀尔喀蒙古三部按满洲贵族的封号赐爵，这样喀尔喀蒙古正式归附清朝，清朝的版图扩张到外蒙古。

公元 1696 年，康熙出动大军击败了噶尔丹，历时十年的叛乱终于得以平定。后来，康熙、雍正、乾隆又先后派军平定在青海、西藏发生的叛乱，收复了今天新疆的大部分地区，在新疆设置伊犁将军，西北地区成为大清版图的重要组成部分。

接下来，我们就要说到雍正皇帝这个人了。康熙帝在位六十一年，是中国历史上在位时间最长的皇帝；乾隆帝在位六十年，是在位时间第二长的皇帝；唯独在康熙和乾隆之间的雍正皇帝，在位只有十三年。雍正在位时间不长，却是“康乾盛世”中特别重要的帝王。

雍正帝十分勤勉，做皇帝时不出京，不南巡，据说他每天从早上五点就开始工作直到深夜，只睡四五个小时。每年只休息三天。在位十三年，共批阅四万多件奏折，每个奏折少则写几个字，多则上千字。如此强大的劳动强度，恐怕没有几个人

能够受得了。

西北边事紧张时，雍正帝设立了一个叫“军机处”的机构协助他处理军务。军机处设有军机大臣，雍正帝从大学士、尚书、侍郎以及亲贵中选任，像很有名的大臣张廷玉、鄂尔泰都是军机大臣。

然而西北边事结束后，雍正帝并没有撤销这个临时机构，反而保留了下来，从此军机处成为清朝实际的最高权力机构。雍正帝之所以设置军机处，还是明清君主专制的思想决定的，之前的几任皇帝都设置过类似的机构。清王朝起初在军事上实行八旗制，在政治上实行议政王大臣会议。八旗的首领参与到议政王大臣会议，一起和皇帝决策大事。但是八旗贵族们往往有和皇帝意见不一样的地方，这就让皇帝感到不快。

比如顺治帝年幼即位，多尔衮就借助议政王大臣会议控制朝政，而顺治帝亲政后清除了多尔衮的势力，需要建立自己的权力机构，他就想到了明朝的内阁制度。于是，顺治帝引入内阁制度，让大学士辅助他治理国家。

顺治帝英年早逝后，即位的康熙帝又是个少年皇帝，鳌拜等满洲贵族借机否定了顺治帝的举措，将权力掌握在自己手中。等到康熙帝铲除鳌拜，需要建立自己的统治时，他便设立了一个叫“南书房”的机构。

这个南书房也是个临时机构，可以选些大学士啊、小官啊辅助皇帝。到了雍正帝时期，雍正帝对南书房也不够满意，边事吃紧，他便借机设立了军机处。没想到军机处这么好用，雍正帝通过军机处彻底掌握了所有军政大权，清朝皇帝的权力变得无以复加。

后来，军机处成了一种制度延续下去，议政王大臣会议、内阁、南书房成了摆设，大臣们以入军机处为荣。今天如果到北京故宫参观，逛到一个叫养心殿的地方，一定要好好看一看，因为这里是清朝皇帝办公、起居的地方。而就在养心殿的南面，有一排不起眼的房子，这就是大名鼎鼎的军机处了。“养心殿—军机处”就是大清帝国的实际政治中心，帝国的决策就是出自这里。

一方面，议政王大臣会议——内阁——南书房——军机处的设立和演变，使得国家的权力越来越集中于皇帝手上；另一方面，始于康熙朝，扩大于雍正朝的密折制度使军民的行为都在皇帝眼皮底下，这些都更有利于君主集权。虽然在清朝做皇帝是辛苦了点儿，但政府的办事效率高。

粉红锦地番莲碗
现藏台北故宫博物院

历史加油站

年羹尧

清朝的平叛战争中涌现了很多著名的历史人物，如年羹尧。这位康熙晚期的名将，官至川陕总督、抚远大将军，率军平定青海罗卜藏丹津，立下赫赫战功。到了雍正时代，年羹尧更是受到雍正帝特别的宠爱。但是年羹尧太骄纵了，由于他掌握了将近半个清朝的兵权，性格又过于嚣张跋扈，使雍正帝感到了威胁。风云骤变，战功赫赫的年羹尧被雍正帝削官夺爵，列大小罪状九十二条，最终在狱中自尽。

9 十全老人乾隆帝

乾隆帝在八十二岁时，写了一篇《御制十全记》，自称“十全老人”，说自己有“十全武功”，分别是：“平准噶尔二，定回部一，打金川为二，靖台湾为一，降缅甸、安南各一，即今之受廓尔喀降，合为十。”

这十次军事行动有的规模大，有的规模小；有的是大胜，有的胜中有败。但皇帝总是要面子的，凑个十，面上总要过得去的。比如平缅战役，乾隆任命的多位云贵总督都兵败自杀，清军损失惨重。还有一次，三万精兵远征缅甸，还没有遭遇缅甸主力，就在热带雨林中损失大半，仅剩了一万多人。幸好缅甸国王趁乾隆八十大寿的时候，主动纳贡投诚，清朝的面子才算保住。不过，这在某个侧面也说明乾隆时代的大清朝国力确实强大，逼得敌人主动投降，战略目的达到了。

这十全武功中，最值得称道的是两征准噶尔汗国和一次征回部。准噶尔汗国是噶尔丹建立在南疆的蒙古政权，早在康熙时期，就常与清军发生冲突，康熙帝为保边疆安定三次御驾亲征，经过乌兰布通之战、昭莫多之战后，噶尔丹虽然溃败，却拒不投降。康熙再次亲征，给了噶尔丹最后一击，噶尔丹战败服毒自杀。到了雍正时期，噶尔丹的侄子策妄阿拉布坦继续与清朝对抗。到了乾隆年间，准噶尔汗国出现内乱，乾隆皇帝趁机进占伊犁，最终将其灭亡，天山南北两路全部并入了清朝版图。公元 1757 年，回部大小和卓再次在南疆发生叛乱，乾隆帝再次出兵，这一次战役的胜利使现在的新疆地区全部纳入了

清朝版图。

除了这十全武功，乾隆帝还有其他方面的功绩。到乾隆帝时期，清朝的版图达到一千三百多万平方公里。乾隆中后期，人口数量也惊人地达到了三个亿。乾隆帝还主持编纂了《四库全书》，这部大丛书分经史子集四部，保存了大量的古代典籍。乾隆时代还最终完成了《明史》的撰修，这部史书是二十四史中质量较高的。

不过无法忽视的是，乾隆朝也是大兴文字狱的时代。清朝是满族建立的政权，十分忌讳汉人的诗文诋毁、丑化满人。内阁大学士胡中藻在《坚磨生诗钞》中写有一句“一把心肠论浊清”，乾隆帝认为这句诗有污蔑大清王朝的意思，认为“清”代指清朝，而“浊”是对清朝的侮辱，便判处胡中藻死刑。

在临行刑的队伍里，胡中藻的儿子哭着问父亲：“我们到底犯了什么罪？”胡中藻也觉得冤枉，但他实在不知该对儿子说些什么好，只是一路喊冤。最终胡中藻及其全家被斩。可见文字狱有多么可怕！

兴文字狱是这个“十全老人”的污点，但乾隆帝自己还是非常推崇汉文化的。他精通满语、汉语、蒙古语，会藏语、维吾尔语，熟读四书五经等儒家经典，还擅长书法、喜欢绘画。乾隆帝尤其喜欢作诗，他一生作诗四万首。要知道《全唐诗》也就四万多首，乾隆帝一人就作了唐朝那么多诗人的量。

乾隆帝还喜欢收藏，今日人们在古代著名书画作品上，总能看到乾隆皇帝的印章、题字。这些印记代表了乾隆帝对作品的肯定，作品也因为有了乾隆帝的肯定有了更高的收藏价值。

和开疆拓土的爷爷康熙帝、励精图治的父亲雍正帝不同，乾隆帝是个会享受的皇帝。乾隆帝曾六下江南，留下了无数诗词和民间的传奇故事。和爷爷康熙帝相比，乾隆帝的下江南更多是为了游乐。每次下江南，乾隆帝是前呼后拥，沿途修行宫，处处有进献的山珍海味，那是相当奢侈。

不过乾隆帝也有他奢侈的资本，因为他有个宠臣和珅。和珅出生于乾隆十五年（公元 1750 年），其实比乾隆帝小了将近四十岁。和珅相貌出众，精通满、藏、蒙、汉等语言，还会模仿乾隆帝的字。乾隆帝交代他做的事，他都办得井井有条。乾隆帝执政的后期，和珅帮他大肆敛财，维系着乾隆帝的奢侈生活。

每个王朝都有个处在由盛转衰节点上的皇帝，唐朝是唐玄宗，宋朝是宋徽宗，到了清朝，便是乾隆帝。

象牙雕文王访贤图笔筒
现藏美国大都会艺术博物馆

历史加油站

康乾盛世

表面上看，“康乾盛世”是康熙、乾隆两任皇帝的功劳，实际上康熙帝和乾隆帝是爷爷和孙子的关系，中间还夹着雍正帝。乾隆帝最崇拜的就是自己的爷爷康熙，为了表示尊敬，在位时间不愿意超过康熙，便主动退位把皇位传给儿子嘉庆帝。从康熙到乾隆，三位皇帝加起来统治了一百三十多年。这段时期，中国社会在封建体制下发展到极致，因为改革最多，国力最强，人口增长迅速，疆域辽阔，所以被称为“康乾盛世”。

10 不愿下跪的马戛尔尼

公元 1793 年，让我们放眼世界，此时的欧洲正在发生着翻天覆地的变化。早于此时的 18 世纪 60 年代，英国发生了工业革命，这使英国一跃而起，成为世界上最发达的资本主义国家。而法国大革命从公元 1789 年开始，也已经有四个年头了。

那么，当欧洲最强大的国家和亚洲最强大的国家碰撞在一起会是什么样子呢？这一年，英国国王乔治三世派出马戛尔尼带领使团拜访大清帝国，为乾隆帝祝寿。

公元 1793 年的一天，天蒙蒙亮，马戛尔尼就被叫醒了。不过马戛尔尼没有生气，因为这天他要在中国官员的带领下拜见乾隆帝。拜见地点在距离北京二百多公里外的热河，这里有大清朝的一座行宫。

热河行宫内，一边是身着正式礼服焦急等待的马戛尔尼，一边是佩戴顶戴花翎、身着官服的大清官员。大家表情都有些严肃。还在等什么？怎么还不去觐见皇帝陛下？

原来，该怎么面见皇帝，马戛尔尼和清朝的礼部官员产生了分歧。凡是拜见皇帝的外国人，都必须先学习拜见的礼仪。

和珅亲自交代马戛尔尼：“见到大清皇帝都要行‘三跪九叩’的礼节，你作为英国使节，也应该对乾隆帝行‘三跪九叩’的礼节。”

马戛尔尼听了一愣，他认为自己不是来自清朝周边的蛮夷之国，英国与大清是完全不同的两个主权国家，不存在朝贡的关系，不能向皇帝行此大礼。马戛尔尼请翻译表达自己的意思：“在我们国家，面见皇帝陛下，行的是鞠躬之礼。”

和珅也一愣，说道：“一定要行双膝跪地的大礼，否则就是大不敬，会被砍头的。”

马戛尔尼面色不悦道：“这是侮辱。绝对不可能。”和珅和马戛尔尼都不肯让退，场面非常尴尬。

直到晚上，随着太监一声高喊：“传英吉利使者觐见——”僵持了一整天后，马戛尔尼才算见到了乾隆帝。八十多岁的乾隆皇帝端坐在金光闪闪的龙座上，气宇轩昂，不怒自威。

马戛尔尼赶紧跪下，不过，他行的不是双膝跪地的叩拜礼，而是单膝跪地，也没有叩头。这已经是双方协调的最佳结果了。

行礼之后，马戛尔尼递交了国书和礼物，和珅呈给乾隆帝。乾隆帝翻阅了国书的中文译本后，说道：“原来他们不是来贺寿的。”马戛尔尼还真不是单纯来贺寿的，他带来的国书上有六点通商请求，英国希望清朝能够开放宁波、天津等几处港口，让英国人登岸经营商业，还希望能够给予免税优惠等。

马戛尔尼的使团有六百人，带来了数量众多的礼物，包括钟表、望远镜、全球地图等新奇物品，以及新式火药、船只、天文地理仪器等军用品。然而出乎马戛尔尼意料的是，虽然清朝皇帝向来有收集欧洲商品的爱好，康熙帝除了喜欢洋货，甚至还精通西洋数学。但是乾隆帝看了英国人赠送的礼物，并没有表现出好奇，或者很喜欢的样子。因为这些东西多数宫里都有，便也没觉得有什么稀奇。

乾隆还回了一封很傲慢的信，大意

如下："你们送来的礼物我觉得非常普通，我大清四方来朝，什么好东西没有？怕你不信，我特地让你们使臣带回去了不少好东西给你们开开眼，至于通商之事，那是万万不可开先河的，你们要做生意就得按之前的规矩进行，反正我大清地大物博，也不稀罕这点生意。"这是乾隆帝给乔治三世的国书，全文共九百七十六字，现在就藏在大英博物馆里。

今天我们面对这篇回复，往往会得出结论：乾隆太过傲慢。人们常常在四十多年后的鸦片战争中扯出这段前尘往事，嘲笑乾隆的目中无人，并悲叹鸦片战争时期清朝所遭遇的惨败。

然而，对待历史要有同理之心，在那时，乾隆帝的表态完全是出于自身地位的考虑。大清帝国独步东亚，而富尔顿的蒸汽轮船要在公元 1807 年才发明得出来，人类大规模远航尚未到来。乾隆王朝的大清帝国实力仍然很强，英国也不敢万里迢迢来招惹这个大帝国。至于清朝能不能跟上欧洲列强的脚步嘛，那是后来的事了。

百骏图（局部） 郎世宁绘
现藏台北故宫博物院

历史加油站

朝贡体系

在古代的东亚，中原王朝认为“普天之下，莫非王土”，政权是有华、夷之分的。清朝继承明朝的朝贡关系，以中央王朝自居，周边小国向清朝臣服、朝贡。但是清朝明确把蒙古、西藏与内地的往来视为国家内务，由理藩院管理，而把朝鲜、日本、俄罗斯等国的来往视为外藩，由礼部管辖。

11 和珅跌倒，嘉庆吃饱

公元1799年，八十九岁的太上皇乾隆帝驾崩，已经做了三年皇帝的嘉庆帝正式亲政。虽然嘉庆做了三年皇帝，但是实际权力仍然掌握在乾隆手里。权臣和珅动不动就在嘉庆帝面前摆出太上皇的旨意，这让嘉庆帝非常不爽。乾隆一死，嘉庆帝就准备处理和珅。

和珅大概是中国历史上最大的贪官，在乾隆朝先后担任多项关键职务：内阁首席大学士、领班军机大臣、吏部尚书、户部尚书、刑部尚书、理藩院尚书，兼任内务府总管、翰林院掌院学士、领侍卫内大臣、步军统领等。可以说，和珅把各种要职都当了个遍。有句话说得透彻，“绝对的权力会导致绝对的腐败”，和珅位高权重，拥有“一人之下、万人之上”的地位，贪污起来真是太方便了。

比如在李侍尧案中，和珅就大捞了一笔。李侍尧是大学士兼云贵总督，当时贵州按察使海宁揭发李侍尧贪污。和珅奉乾隆帝之命查案，审讯了李侍尧的管家赵一恒，他对赵一恒严刑逼供，赵一恒忍受不了，就把李侍尧的所作所为一一向和珅做交代了，果然李侍尧贪污确有实情。

和珅又把赵一恒的供述告知了李侍尧属下的官员，大家见和珅已掌握了证据，纷纷出面揭发李侍尧的罪行，最终李侍尧认罪伏法。按理说，和珅的这次审案非常利索，案件办得很漂亮。但是案后，李侍尧的家产本应该充公，和珅却借审案的机会，把李侍尧和其党羽的大部分财产都私吞了，只上交给朝廷一小部分。乾隆帝看和珅案子办得不错，又赏赐了和珅不少。这一吞一赏，和珅赚了个盆满钵满。

李侍尧案是和珅第一次大贪的案件，自此以后，和珅的胆子越来越大，反贪反成了大贪官。虽然也有御史弹劾和珅，但乾隆帝喜欢他、保着他，百官也争相巴结这位皇帝身边的红人。渐渐地，和珅成为朝中四大势力之一。如果论起与皇帝的关系，和珅简直是乾隆的心头好，那些纪晓岚斗和珅、刘墉斗和珅的故事多是后来人演绎出来的，在真实历史中，和珅要难以对付得多。

那么,和珅到底贪了多少钱呢？说出来简直是个天文数字。相传，和珅的财富在八亿至十一亿两白银之间，加上黄金和其他古玩珍宝，总价值超过了清朝政府十五年财政收入的总和。还有一个统计说，嘉庆时期对和珅查抄家产的清单上有：黄金三万三千五百余两，白银三百余万两，当铺七十五座，银号四十二座，大量的房产和地产，珠宝、古玩、洋货不计其数。仅对其中部分查抄清单进行估值，就价值两亿两千多万两白银，而当时国库每年收入为四千多万两，相当于五年全国收入。

那给和珅定的是什么罪名呢？贪污罪吗？嘉庆帝给和珅定了二十项大罪。不过出人意料的是，列在前面的并不是贪污罪，倒是和珅的各种大不敬之罪。比如第二条说乾隆帝在圆明园召见和珅，

和珅竟然骑马大摇大摆进入左门，绕过正大光明殿，要知道只有极少数人经皇帝御赐可以骑马或乘轿进入宫门，和珅的举动可以算是“无父无君”；再比如第三条，和珅以腿有疾病为由，乘轿到大内，又坐肩舆出入神武门，毫无忌惮……嘉庆帝细数和珅的罪状，大概在他的心目中，和珅仗着乾隆帝的宠爱，不把他这个皇帝放在眼里，才是最可恨的吧。

这二十项大罪里，我们今天可以亲眼所见的是第十三条：“昨将和珅家产查抄，所盖楠木房屋僭侈逾制，其多宝阁及隔段式样皆仿照宁寿宫制度，其园寓点缀与圆明园蓬岛瑶台无异，不知是何肺肠，其大罪十三。”意思是说和珅的房子用了楠木，园子的设计有多处景致模仿圆明园，这僭越了等级。

这条还真没冤枉了和珅，因为我们今天还能看到和珅的宅邸。和珅的家产被查抄后，所居住的宅邸几经转手落到了后来的恭亲王奕䜣手里，成了奕䜣的“恭王府”。所以，今天人们去北京游览恭王府，就是去游览和珅的宅子。这座恭王府富丽堂皇，是清朝最具代表性的王府宅邸。

“和珅跌倒，嘉庆吃饱。”成为民间的一个俗语。查抄一个贪官，嘉庆皇帝至少获得了五年的国家财政收入。只可惜，乾隆帝留给嘉庆帝的是个烂摊子，康乾盛世已然消逝，嘉庆这位新上任的“当家人”是真的难！

肉形石
现藏台北故宫博物院

历史加油站

恭王府

恭王府最初是和珅的宅邸，是和珅于公元 1780 年奉旨建的大宅子，位于今天北京市西城区前海西街，占地 6.112 公顷。和珅家产被抄后，这座大宅子也被收归国有。公元 1851 年，清政府将这座宅子赐给了恭亲王奕䜣，于是此府改名恭王府。恭王府是清代规模最大的王府级建筑群，历经了清王朝由盛转衰的过程，承载了极其丰富的历史文化信息。因此，有“一座恭王府，半部清代史”的说法。

12 鸦片战争

发生在公元 1840 年的鸦片战争是中国近代史的开端。

鸦片战争发生在哪一朝呢？是在清朝嘉庆帝之后的道光帝时期。道光帝是乾隆的孙子，但是比起他的爷爷，他这个皇帝做得真是屈辱。

其实一直到鸦片战争前夕，清朝都是一个独立的封建国家。此时的英国通过工业革命发明了蒸汽机，依靠蒸汽机生产了大量的工业品。这些羊毛、呢绒的工业品畅销全世界，但是到了中国却不受青睐。原因很简单：中国人不需要。中国地大物博，人口多，完全可以实现自给自足、自产自销。但是英国人却很需要中国出产的茶叶、丝绸、瓷器，于是白银源源不断地流入中国，这就形成了“贸易逆差”。英国人怎么算账也是自己受损，为了扭转贸易逆差，英国人想了个损招——向中国出口鸦片。

鸦片是什么？就是毒品。鸦片可不是好东西，这种东西很容易上瘾，严重损害人的身体健康，甚至造成死亡，还特别贵。

在国家层面，则会造成大量的白银外流、财政枯竭、国库空虚。这就必然影响到清王朝的存亡。

于是道光帝派湖广总督林则徐作为钦差大臣到广州去禁烟。公元1839年，林则徐抵达广州，勒令外国烟贩交出所有鸦片，并且在虎门这个地方把鸦片全部销毁了，这就是历史上赫赫有名的“虎门销烟”。

今天如果哪里有毒品，包括中国在内的世界各国政府大都会作为性质恶劣的刑事案件进行打击，因为倒卖毒品就是犯罪。但在当时英国政府竟然认为查收、销毁鸦片是侵犯英国人在华的经商权利，便向清政府提出抗议。道光帝更生气了，林则徐根据道光帝旨意，宣布正式封港，永远断绝和英国的贸易。

英国国内得到消息后，经过议会的激烈讨论，最终投票决定通过军事行动报复清王朝，一场欧洲近代国家与东亚古代国家之间的战争不可避免地打响了。

英军总司令乔治·懿律率领40余艘英军舰船及4000余士兵到达了中国海面。当时的中国沿海地区，除了在广东的林则徐有所准备能稍作对抗之外，其余港口都防备松弛，所以英国舰队一路北上，以惊人的速度攻城略地。英军打到天津大沽港时，天津的炮台根本无法抵挡英国舰船上大炮的进攻。

天津是北京的门户，身在北京的道光帝慌了。他下令把林则徐发配新疆，试图缓和英国人进攻的节奏。道光帝派出大臣琦善去广东和英军副总司令查理·义律谈判，但英国提出的条件过于苛刻，加上琦善擅自签订，使道光帝大为不满，于是道光帝又派出了奕山赴广东作战。

这次因为没有林则徐的驻守，英军选择进攻虎门，虎门部队虽英勇抵抗，但终不敌英军，虎门炮台最终沦陷。英军又进一步炮击广州城，一万八千清军尽退至广州城里，秩序大乱，奕山竖起白旗选择投降，接受了英方条件。

后来英军再次北上，攻陷了厦门、定海、镇海（在今浙江省宁波市）、平湖等地。尽管定海总兵葛云飞、江南提督陈化成英勇战死，但仍旧挡不住英军的坚船利炮。道光帝赶紧派出新的钦差大臣耆英等人去谈判，最终与英国签订了不平等条约——中英《南京条约》。

割地、赔款、开放通商口岸……《南京条约》中，最重要也是最屈辱的部分是将香港岛割让给了英国。《南京条约》的签订，使中国社会发生了根本性的变化，中国开始沦为半殖民地半封建社会，只是，这个改变的开端太过屈辱。

英国人管这场战争叫“通商战争”，然而英国师出无名，理由是不正当的。英国出兵的深层原因就是为了开辟新的殖民地，从而能够直接进入中国市场，倾销商品，掠夺资源，然而清朝并不屈服，才导致了正面冲突的爆发。

在中国，这场战争一定要叫“鸦片战争”，因为忘记了过去，就意味着背叛。中国只有更强大，中国人才不会被欺负。

邗江雪意图卷（局部） 王翚绘
现藏故宫博物院

历史加油站

《海国图志》

清朝末年并不是所有人对西方都不了解，鸦片战争前后，林则徐、魏源是“睁眼看世界”的清醒之士。林则徐在任时，不仅整治鸦片，而且努力搞好海关防务，使得英军最初放弃了攻打广州的主意。林则徐的好友魏源则写下了《海国图志》这部著作，向国人倡导学习西方先进的科学技术。这本《海国图志》详细叙述了世界各地各国的历史政治、风土人情，主张学习西方国家的科学技术，尤其提出了“师夷长技以制夷”的思想，为后来的洋务运动打下了思想基础。

13 太平天国运动

屋漏偏逢连夜雨，鸦片战争之后，社会矛盾越来越尖锐，农民起义开始在各地频发。公元 1851 年，洪秀全在广西发动了太平天国起义。

洪秀全其实是广东人，曾几次参加科举考试，可惜都落榜了。失望之余，他偶然接触到了基督教，便与冯云山、洪仁玕一起学习基督教。他们一开始在广东发展不顺，便来到广西桂平一带传教，后来，他们在那里创立了教会，并招纳了杨秀清、萧朝贵、韦昌辉、石达开等人。洪秀全于公元 1851 年 1 月 11 日发动金田起义，就任天王，定国号太平天国，开始与清王朝对抗。

太平天国是个政教合一的政权。当时，清朝政府紧急派遣万余名清军围攻太平军，试图扼杀太平天国运动。公元 1852 年，太平军从永安突围，北上进入湖南省。这期间，冯云山被清军炮火击中，重伤死亡，萧朝贵战死长沙。洪秀全、杨秀清围住长沙不攻克，继续北上攻克武昌，一边行进，一边改换作战思路，杨秀清写檄文，揭露清廷的腐败统治，号召沿途民众起义反抗，一时间，太平军人数增长到五十万人，很快又攻下了南京。这一年是公元 1853 年，洪秀全宣布定都南京，改名天京。之后，太平天国颁布了《天朝田亩制度》，规定不分男女，按人口和年龄平均分配土地。他们想通过这个方案，建立一个“有田同耕，有饭同食，有衣同穿，有钱同使，无处不均匀，无人不饱暖”的理想社会。这反映了千百年来农民要求得到土地的强烈愿望，对于广大农民有很强的号召力。太平天国一时间进入了鼎盛期。

定都天京后，太平天国开始与英国公使接触，英国对太平天国表示了中立的态度。另一方面，洪秀全开始着手北伐，并将这项任务交给了林凤祥、李开芳。

此时的清政府被太平天国的迅速崛起所震惊，旧有的八旗兵和绿营兵完全不是太平军的对手，他们急需一种新的力量来对抗太平军。迫于无奈，朝廷只得放权给地方官员，让他们组织团练，镇压起义。早期的团练，指的是由地方士绅发起组织的民兵，主要用于地方自保。嘉庆年间，清朝廷兴办团练对付白莲教。恰逢曾国藩丁忧回到老家湖南，他因势在当地建立了一支地方团练。其实曾国藩是一个很传统的文人士大夫，非常推崇儒家。曾国藩操办团练，从精神层面抓起，他让儒家伦理深入团练士兵思想，用宗族老乡的关系提高部队的团队精神，用更高的薪水使士兵战有所得，并严肃军纪，训练出一支骁勇善战的湘军。太平天国从此有了与之匹敌的对手。

战斗初期，曾国藩连吃败仗，但他没有放弃，冷静下来之后，曾国藩稳扎稳打，湖南团练和太平军进入相持阶段。就在这时，太平天国内部却先出现了内讧。

洪秀全在天京逐渐退居幕后，很少理朝政，大权逐渐落到杨秀清手上。杨秀清便假装“天父下凡”，经常胁迫洪秀全听命于自己。韦昌辉请求洪秀全诛杀杨秀清，被拒绝后，自己私自偷袭了杨秀清的府第，杀死了杨秀清及其家人，连杀了两万人，史称“天京事变”。

石达开从外地赶回天京，责备韦昌辉滥杀无辜，结果韦昌辉又杀光了石达开的家属。石达开大怒，反杀了韦昌辉。因为洪秀全对石达开心存猜忌，处处牵制他，石达开被迫出走天京，打算西征。西征的结果非常悲惨，石达开孤军作战，后陷入清军包围，其部众全部被剿灭。

天京事变和石达开的出走，标志着太平天国开始走向下坡路。由于林凤祥、李开芳北伐失败，石达开西征失败，太平天国的势力范围始终在湖北、湖南、江西、安徽、浙江、江苏几省范围内。更不妙的是，此时的英国不再中立，选择站在了清朝朝廷一方，英方为清军配备的洋枪队给太平军造成了不小的伤亡。

曾国藩的湘军渐渐适应了太平军的打法，越打越强，太平天国的势力范围也越来越小。公元 1863 年，天京外围要塞尽失。1864 年，洪秀全病逝，天京失守，残部护送着幼天王逃离，太平天国名存实亡。

清虎纹刺绣朝服补子
现藏美国大都会艺术博物馆

历史加油站

曾国藩

曾国藩是晚清时期的政治家、理学家、文学家、书法家，湘军的创立者和统帅。在曾国藩的倡议下，清政府建造了中国第一艘轮船、第一所兵工学堂，印刷翻译了第一批西方书籍，安排了第一批赴美留学生。可以说，曾国藩是中国近代化建设的开拓者，他与李鸿章、左宗棠、张之洞并称为“晚清中兴四大名臣”。曾国藩官至两江总督、直隶总督、武英殿大学士，封一等毅勇侯，谥号“文正”，后世称其为“曾文正”。

14 第二次鸦片战争

第一次鸦片战争之后，广州、厦门、福州、宁波、上海成了通商口岸，英国人原以为凭借《南京条约》就可以迅速打开中国市场，毕竟大英帝国还有那么多东西要卖呢！但是事情没有他们想得那么简单，大清帝国的子民“男耕女织”的生活并没有多少变化，自给自足的生活方式使他们根本不需要这些来自国外的工业品。机器织出的衣服虽然便宜，但是老百姓手中并没有什么余钱，洋人经营了十几年，仍然没有什么起色。

终于等到了《南京条约》满十二年，英国人希望通过修改条约来迫使中国进一步开放市场。根据利益均沾原则，法国和美国也提出修约要求，俄国也趁机谋求利益，但都没有得到清政府的同意。

由于此时的清政府仍然没有成立外交部，英法等国协调外交、商贸事务，仍然要同两广总督、广东巡抚打交道。两广总督叶名琛本人是个守旧排外派，默许民间针对外国商人的反抗活动，对一切外国的投诉置之不理。在这种背景下，英法两国下定决心对中国发动一场新的侵略战争，这就是第二次鸦片战争。

战争是由“亚罗号事件”和“马神甫事件”触发的。

公元1856年10月，广东水师搜捕了一艘由中国人经营的叫“亚罗”号的走私船，船上悬挂着英国国旗。英国驻广州领事硬说“亚罗”号是英国船，并谎称中国士兵扯落英国国旗，要求中国方面释放被捕人员，并向英方赔礼道歉。叶名琛为避免事态扩大，同意释放被捕人员，但拒绝道歉，这就是“亚罗号事件”。

1853年，一名叫“马神甫”的法国天主教神父非法潜入广西省西林县，他披着宗教外衣，招纳地痞流氓入教，为非作歹欺压百姓，被当地官员逮捕后处死。这就是“马神甫事件”，又称“西林教案”。

英法两国以这两件事为由头，于公元1856年10月发动了第二次鸦片战争。英法联军炮击广州，并登陆攻城。尽管守军顽强抵御，但最后广州城还是失守了。叶名琛被俘，被英军押往印度的加尔各答，最终绝食而亡。

随后英法联军北上，与清军展开了大沽口之战。英法联军炮轰大沽炮台，直隶总督谭廷襄毫无斗志，加上大沽炮台本身就设施简陋，守军孤立无援，最终阵地失陷。英法联军侵入天津城郊，扬言要进攻北京。

清政府赶紧派大学士桂良前去议和，桂良等人在侵略者威逼恫吓下，分别与俄、英、法、美签订了《天津条约》。条约中特别指出“公使常驻北京”和增加汉口、南京等十处通商口岸。然而，英法并不满足于在中国取得的这些利益，又展开第二次大沽口之战。

毫无意外，清政府派出的僧格林沁的满族八旗兵完全被英法联军击垮，大沽又失陷了。英法联军变本加厉，继续前进，进犯北京。当时的咸丰帝赶紧带着后宫妃嫔和大臣逃出了北京城，前往热河避暑山庄，把偌大一个北京城交给了自己的弟弟奕䜣。

在北京城，英法联军烧杀抢掠，后来他们闯进了圆明园大肆抢劫，并烧毁了圆明园。要知道当时圆明园号称“万园之园”，是人类历史上的艺术之园。对于英法联军的暴行，法国文学家雨果给予如此批评：“在世界的某个角落，有一个世界奇迹。这个奇迹叫圆明园，然而这个奇迹已经消失了。有一天，两个来自欧洲的强盗闯进了圆明园。一个强盗洗劫财物，另一个强盗在放火。这两个将受到历史制裁的强盗，一个叫法兰西（法国），另一个叫英吉利（英国）。（出自《就英法联军远征中国给巴特勒上尉的信》，程曾厚译）”

这真是中国历史上的耻辱一幕！英法联军火烧圆明园不仅羞辱了咸丰帝和大清帝国，也羞辱了每一个中国人。奕䜣无法阻止英法联军的侵略行径，只能忍受屈辱，同英国人、法国人交换了《天津条约》的批准书，并订立了新的不平等条约《北京条约》，作为《天津条约》的补充。

如今的圆明园已是一片残垣断壁，每每回想到这段屈辱的历史，我们怎能不奋发图强？落后就要挨打，落后就会被人瞧不起！

签订《天津条约》《北京条约》之后，美国、沙皇俄国也纷纷同清政府签订了不平等条约，大清帝国被迫丧失了大片国土……一些有识之士已经认识到清朝的落后，一场为了自强而开展的“洋务运动”即将提上历史日程。

雕竹根马上封侯
现藏台北故宫博物院

历史加油站

圆明园十二生肖兽首铜像

十二生肖兽首铜像原本不是多么贵重的东西，它们只是圆明园海晏堂外喷泉的红铜铸像，是十二个独立的生肖头像。公元1860年，英法联军侵略中国，火烧圆明园，海晏堂只留下大水法遗址，十二生肖铜像流失各地甚至海外。截至公元2020年12月，鼠首、牛首、虎首、兔首、马首、猴首、猪首七个铜像已经通过不同方式回归祖国，但是剩余五个仍然下落不明。

15 慈禧太后

英法退兵后，咸丰帝本考虑回銮北京，但是因为外国公使要亲递国书，咸丰帝不怕割地、不怕赔款，却偏偏怕见洋人。他认为这些洋人不给自己三跪九叩是很没面子的事。犹豫再三，咸丰帝决定在承德再待一段时间。

咸丰帝才三十岁，身体就已经开始变坏，他患上了痨病（肺结核），避暑山庄不时传来皇帝病重的消息，朝廷上下非常紧张。

公元 1861 年的一个夜晚，承德避暑山庄的角门突然打开了，一个黑影闪了出来，解开拴在角落里的马，然后快马加鞭奔着京城而去，消失在茫茫夜色之中……

承德避暑山庄内，咸丰帝临死前将皇位传给了儿子载淳，并立下了“顾命八大臣”，将大清的江山托付给跪在病榻前的这一屋子人。这八大臣是载垣、端华、景寿、肃顺、穆荫、匡源、杜翰、焦佑瀛。载垣是怡亲王，端华是郑亲王，肃顺是咸丰帝最亲近的大臣。咸丰帝认为这八个人一定能辅佐好六岁的载淳，把幼子托付给他们，自己应该可以放心闭眼了。

但是咸丰帝怎么也没有想到他布置的这个局面，在他死后没多久就遭到了颠覆，精心的筹谋如大厦般顷刻之间轰然倒塌。这八大臣或被赐死，或被革职，大清帝国的最高权力落到一个女人手中，这便是慈禧太后。

慈禧太后是咸丰帝的懿贵妃，并不是皇后，她出身叶赫那

拉氏，是载淳的生母。咸丰帝驾崩这一年，懿贵妃只有二十六岁。年轻的懿贵妃成了慈禧太后，皇后钮祜禄氏成了慈安太后。慈安太后是个传统女性，对政治不感兴趣，但慈禧太后却野心勃勃。

皇帝年幼，无法处理朝政，慈禧建议两宫皇太后“垂帘听政”。这可惹恼了顾命八大臣，八大臣认为“本朝未有皇太后垂帘”先例，坚决反对太后掌握政权。两方势力剑拔弩张，年幼的皇帝无力制止，吓得躲在母亲身后哭泣。慈禧只好表面妥协，却暗中联络了身在北京的恭亲王奕䜣。

奕䜣为人机智有才干，却没有成为顾命大臣，他在得到消息后，趁着到避暑山庄拜谒咸丰帝的机会，面见了慈禧太后。具体谈了些什么，我们就不得而知了，只知道他们见面两小时后，奕䜣就偷偷回到了北京，并着手准备发动政变。

从承德回到北京的两宫皇太后突然宣布载垣、端华、肃顺等顾命八大臣的罪状，下令逮捕他们。怡亲王载垣、郑亲王端华被赐自尽，御前大臣肃顺被斩于北京菜市口，死前仍怒吼咆哮不服。

而后，奕䜣被任命为议政王、军机大臣。军机大臣文祥奏请两宫皇太后“垂帘听政”。这次政变被称为“辛酉政变”，确立了清末两宫垂帘听政、亲王辅政的体制。慈禧太后从此操纵大清帝国权柄几乎长达半个世纪，直到公元 1908 年去世。

八位顾命大臣本来给载淳定的年号为“祺祥”，慈禧太后认为不好，将年号改成“同治”。这个“同治”可以理解为两宫同治或者说两宫太后与众大臣共理朝政之意。而实际上，慈安太后不懂朝政，“同治”基本上是慈禧太后的独治。

同治皇帝在登基后的第十二年，也就是十七岁时亲政，但亲政仅一年多，他就驾崩于紫禁城养心殿。紧接着，慈禧太后扶持了自己亲妹妹的孩子爱新觉罗·载湉为皇帝，这个四岁的小孩就是日后的光绪皇帝。

历史加油站

慈安太后

相比慈禧太后，慈安太后才是咸丰帝的正宫皇后。慈安太后比慈禧太后先入宫，被立为皇后的时候，慈禧太后仅仅是一个贵人。慈禧太后后来生下了同治帝，当时这是咸丰帝唯一的皇子，地位因而攀升。咸丰帝死后，两宫垂帘，慈安太后名分高于慈禧太后，慈禧太后虽然长慈安太后两岁，却一直称她为“姐姐”，两人一直保持着比较和谐的关系。慈安太后极少参与政治，并未给慈禧揽权造成任何障碍。慈安太后四十五岁便逝世，这给朝局的稳定带来了巨大影响，慈禧太后得以独揽朝政。

16 洋务运动

公元 1872 年，上海港口，一艘轮船停靠在岸边静静等待着人们登船。一群身穿缎袍，拖着长辫子，平均年龄大概只有十二岁的幼童正在翘首期盼，他们有的面容严肃，有的充满了好奇。他们是清政府派出的中国历史上最早的官派留学生。这些孩子们即将前往美国，学习西方先进的现代化技术。此后，清政府又陆续派出了四批共一百二十名学生赴美国留学。

公元 1861 年，第二次鸦片战争已经结束，通过《天津条约》和《北京条约》的签订，外国侵略者在华的利益需求暂时得到满足，同时，中国国内的农民起义局势也进入低潮，整个国家的局面暂时“稳定”住了。痛定思痛，清政府一些有识之士开始思考国家和民族的未来。

恭亲王奕䜣联合桂良、文祥等军机大臣上书《通筹夷务全局酌拟章程六条》，请求推行以富国强兵为目标的洋务运动。他们认为中国面临着“数千年未有之变局”，必须迎头赶上，学习西方的先进技术，才不会继续挨打。于是，慈禧太后重用了奕䜣、李鸿章、曾国藩等人，大力推进洋务运动。

什么是洋务运动呢？这个“洋”就是西方，洋务就是引进、运用西方先进生产技术，兴办近代化军事工业和民用企业。洋务运动的目标是自强、求富，理论基础是以中学为体，西学为用。

这样说太抽象，我们还是来看看“洋务派”们具体干了些什么吧。首先，清政府以“自强”为口号，以国家名义创办了很多新式军事工业，办军事工业显然是为了增强清政府的军事实力。其中规模最大的是上海的江南制造总局，这是李鸿章主持创办的。其他像左宗棠主持的福州船政局、崇厚创立的天津机器制造局都是直接为军事服务的。军事方面最大的成就是建成了北洋水师等近代海军，一时间，清王朝的海军在亚洲居于首位。

其次，洋务派以“求富”为口号，采用官督商办或官商合办的方式，兴办轮船、铁路、电报、邮政、采矿等新式民用工业。比如上海创办的轮船招商局，主打航运，中国人主动出击，发展国际航运，在那时还是发挥了很大的作用。李鸿章创办了开平矿务局、电报总局，张之洞在武汉创办了汉阳铁厂、湖北织布局，左宗棠创办了兰州织呢局。在洋务运动的推动下，中国的民用工业得到了迅速发展，奠定了中国近代化工业的基础。

最后，洋务运动还创办新式学校，选送留学生出国深造，培养翻译人才、军事人才和科技人才，向西方学习。比如在北京设立的京师同文馆和上海的江南制造总局的翻译馆，培养了大量翻译人才，翻译出大量西方作品。还有福州船政学堂、北洋水师学堂、上海机械学堂、天津电报学堂，都培养了一批实用型人才。

那么，“自强”“求富”成功了吗？在某种程度上，官方推动的洋务运动确实推动了中国近代工业的发展，很多行业从无到有，尤其在基础设施建设方面。但是，这场轰轰烈烈的洋务运动最终还是以失败告终。

1894年，中国与日本之间发生了甲午海战。海军基本代表着近代国家的最新科技水平和最强的军事能力，大英帝国之所以能横行世界，就是因为有一支强大的海军。但是中日甲午战争中，大清海军完败于才筹建不久的日本海军。这标志着历时三十多年的洋务运动宣告破产。李鸿章晚年总结自己的一生："我办了一辈子的事，练兵也，海军也，都是纸糊的老虎，何尝能实在放手办理，不过勉强涂饰，虚有其表，不揭破尤可敷衍一时。"

那么，洋务运动为何会失败呢？最主要的原因还在于这种变革治标不治本，太强调"中学为体，西学为用"了。西方社会注重效率，与中国传统社会习惯大相径庭。洋务运动只强调在物质层面、器物层面向西方学习，在思想上没有任何进步。乃至每一件兵器的使用，都要受到传统文化、思想的约束。

再比如，开办的实业工厂，需要社会方方面面提供相应的人才和配套设施。而清王朝由于传统制度的弊端、主事者见识不足、官僚风气败坏，并没有调动普通民众参与其中。

总的来说，洋务运动是一次封建统治者的自救运动，中国的封建体制并没有改变，中国也没有因此而富强起来。洋务运动虽然失败，但也有一定成就，深刻地影响了日后中国的发展。比如，前文提到的官派留学生中，涌现出了不少专业人才，他们在不同的岗位上为中国的近代化进程做出了贡献。

画珐琅镶珠怀表
现藏台北故宫博物院

历史加油站

日本明治维新

明治维新是日本封建社会向资本主义社会转变时期发生的资产阶级改革运动。1868 年，日本的明治天皇颁布了“五政复古”诏书，标志着明治维新运动的开始，这次改革使日本由一个闭关锁国的封建国家，逐渐转变为资本主义国家，是日本历史的重大转折点。

17 中法战争和甲午战争

清朝的周边有大大小小的属国，比如越南、缅甸、暹（xiān）罗、朝鲜、琉球。属国与清朝的关系并不牢靠，只是按期朝贡，新王即位必须受清朝皇帝的册封。

东亚格局本来十分稳定，但随着欧洲列强的到来和日本的崛起，这一朝贡关系开始受到挑战，比较典型的就是中法战争和甲午中日战争。

鸦片战争是英国侵略者发动的，第二次鸦片战争是英法联军发动的，中法战争则是法国与清朝的一对一对决。法国想争夺的是越南，早在第二次鸦片战争时，法国就开始武力侵占越南南部，越南南部六省沦为法国殖民地。越南国王请求驻扎在中越边境的中国人刘永福领导的黑旗军协助越南抵抗法军，黑旗军大败法军，越南却在法国侵略者的压迫和讹诈下签署了《西贡条约》。法国将条约内容通告清政府，意在排除中国在越南的影响，清政府不予承认。

正式的中法战争从公元1883年开始。法军依靠军事优势，向中国境内发起进攻，结果清军战斗不利。朝廷得到前线军事挫败的消息后，以撤换大批疆吏廷臣来掩饰败绩，并全面改组军机处，恭亲王奕䜣等被黜退。

战火烧到中越边境，老将冯子材受命帮办广西关外军务，赶到镇南关整顿部队，在隘口抢筑了一道长墙。法军倾巢出动，在冯子材激励下，将士勇猛搏斗，终将法军击退，取得镇南关大捷。法军战败消息传回巴黎，法国总理茹费理引咎辞职。李鸿章等人认为“乘胜即收”，建议清政府立即与法国政府缔结和约，双方就此签订和约，这就是《中法新约》。

在这个条约中，清政府承认法国对越南的保护权，中越陆路交界开放贸易，开辟云南、广西两个通商口岸。越南从此不再是清朝的属国，中国西南门户大开。中国的这次反侵略战争，本有机会能取得最后胜利，但因为清朝统治者的懦弱和妥协，胜利的成果被葬送。后世提到中法战争，通常用“中国不败而败，法国不胜而胜”来评价。

中日甲午战争则是争夺朝鲜的战争，相比于中法战争，这一战对清政府伤害更大。公元 1853 年，美国人初涉日本，日本与美国签订下了平等条约。一系列不平等条约的猛烈冲击，加深了日本的民族危机，也激化了日本的社会矛盾，倒幕运动取得成功。新建立的明治政府全面学习西方，引进西方科学技术和政治制度，历史上称为“明治维新”。

李鸿章早在明治维新初年就看清楚日本将是中国未来的劲敌，而且推断日本想侵略中国大陆，必然要先在海上取得优势。于是，李鸿章积极主张清朝发展海军，并在洋务运动中发展出中国的海军——北洋水师。李鸿章还注意到朝鲜的重要战略地位，认为朝鲜是日本与中国的必争之地。果然日本筹建起自己的海军后，目标直指朝鲜。日本与清朝在朝鲜问题上开始剑

拔弩张，大战似乎不可避免。

光绪初年，朝鲜国王李熙尚且年幼，政权操持在他的父亲大院君李昰应手中，这个大院君坚决不与外国人通商，也反对日本的维新。日本人则扶持朝鲜国的反对派，朝鲜内部最终形成开化党和事上党。

开化党的后盾是日本公使竹添进一郎，他们想借日本势力独立于中国。事上党的后盾是中国的袁世凯，他们倾向于继续受清朝保护，以免受到日本及其他各国的压迫。

双方势同水火，双方的后盾——日本和清朝终于兵戎相见。按当时海上实力的世界排名，清朝排名第八，日本排名第十六，清朝应该是有优势的。清朝的两个主力舰——定远舰和镇远舰排水量七千多吨，日本最大的战舰排水量不过四千吨。但是日本战舰的速度比清朝的快，船上的炮也更多，射速更快。

战争的结果出乎意料，日本海军赢了北洋水师。致远舰舰长邓世昌弹尽粮绝后，命令战舰撞向日本的“吉野”号，被水雷击沉。北洋水师的很多船如致远舰一样，虽然坚固，但行驶缓慢，又由于缺乏炮弹，海军一败再败。

甲午战争是中日关系的转折点，双方签订了《马关条约》。条约中，清朝承认朝鲜独立，割澎湖列岛、台湾全岛及所有附属岛屿和辽东半岛给日本，赔款二亿两白银，开放沙市、重庆、苏州、杭州为商埠，允许日本在通商口岸开设工厂等。后来沙俄、法国、德国三国出于自己利益的考虑，给日本施压，让日本把辽东半岛还给中国，但日本追加了赔款三千万两白银。这个条约中的巨额赔款成了日本发展资本主义的第一桶金。

铜镀金锦鸡山石骑士牵马表
现藏故宫博物院

历史加油站

邓世昌

邓世昌是广东人，从小天资聪颖，勤奋好学，父亲让他学习英语和新知识。邓世昌从福州船政学堂的驾驶专业毕业后，登上“建威”号练船，开始了海上远航，最终成为北洋水师“致远舰”的管带（即舰长）。致远舰没有“定远”“镇远”吨位大，却是北洋水师速度最快的舰船。甲午海战中，致远舰弹药将尽并且遭受了重创，邓世昌下令驾驶舰船冲向日本旗舰，想与之同归于尽。不幸，致远舰被鱼雷击中，邓世昌壮烈牺牲。

18 戊戌变法

沙俄、法国、德国三国借着迫使日本“还辽”，开始攫取在中国的利益：沙俄获得了旅顺和大连；德国拿到山东的胶州湾；法国则把势力范围从越南深入到广东、广西、云南，夺取了广州湾。其他列强一看有利可图，都来中国抢夺利益、强租海港、划分势力范围，掀起了瓜分中国的狂潮。

这让中华仁人志士感到忧心不已，中国已经沦为半殖民地半封建社会，仅仅依靠引进外国的器物和技术并不足以挽救民族危亡，谋求制度层面上的改革被提上议事日程。

这次改革的先驱者是康有为。康有为是广东省广州府南海县人，自幼熟读经史，他其实不懂外语，也没有出过国，但是特别聪明。他因为去过香港、上海游历，接触过资本主义的事物，并收集了许多介绍资本主义各国政治制度和自然科学的书刊。他逐渐意识到，资本主义制度比中国腐朽的封建制度更为先进。康有为仅凭江南制造总局译书馆和教会所译的初级天文、地理、物理、医药等图书，就“能举一反三，因小以知大，自是于其学力中别开一境界”。他学习了西方传来的进化论和政治观点，初步形成维新变法的思想体系。

他怕改革有阻力，便写了一篇《孔子改制考》，说孔子本来就是满怀进取精神，提倡改革法制的人。

公元 1895 年，清廷与日本签订丧权辱国的《马关条约》，康有为趁入京应试的机会，联合十八省应试举人联名请愿，发

动“公车上书”，请求拒和、迁都、练兵、变法。

“公车上书”轰动全国，康有为、梁启超等人借势创办报纸，继续宣传变法。梁启超在上海的《时务报》上发表《变法通议》，强调“法者，天下之公器也；变者，天下之公理也”，“变亦变，不变亦变”，日本因为变法而强大，中国如果不变法，将会因为守旧而灭亡。

此时的光绪帝已经成人，不甘成为亡国之君，年轻气盛的他决定面见康有为。公元1898年，光绪帝颁布“明定国是”诏书，宣布实行变法。公元1898年是农历戊戌年，这一年的变法就叫“戊戌变法”。

康有为的变法内容有很多条，最重要的是这两件事：

废除八股取士制度，以后政府的考试改为撰写政治、经济的策略。意味着读书人要做官不能再靠舞文弄墨，而得有真才实学。

调整行政机构，撤掉詹事府（主管皇后、太子家事）、通政司（主管内外章奏）、光禄寺、鸿胪寺、太仆寺、大理寺等闲散机构，增添农工商总局，通过农工商总局推动经济发展。

结果，这两大新政遭到了大多数人的反对，因为新政影响了这些人的饭碗。废八股、兴实学使得众多已经考过科举和准备考科举的人前功尽弃。被裁撤的官员更是痛恨康有为的新政，谈及此事无不咬牙切齿。于是反对新政的人跑到慈禧太后那里去，请求“太后保全，收回成命”，理由是康有为的新政触动了祖宗家法和儒家的伦理道德。

此时的光绪帝虽然是皇帝，但帝国的实权却在慈禧太后手中。变法遇到困难后，康有为请求在天津练兵的袁世凯给予援助，结果袁世凯不肯合作，站到慈禧太后一边。慈禧太后先发制人，以光绪帝生病不能理事为由，把光绪帝囚禁起来，叫停了仅仅持续了一百零三天的维新运动，所以戊戌变法又叫“百日维新”。

慈禧太后又搜捕维新人士，废黜变法诏令。康有为、梁启超见势不妙，逃往国外。而谭嗣同、刘光第、林旭、杨锐、杨深秀、康广仁六人被捕遇害，史称“戊戌六君子”。被捕前，谭嗣同还说道：“各国变法无不从流血而成，今中国未闻有因变法而流血者，此国之所以不昌也。有之，请自嗣同始！”

维新变法失败了，保守势力占据了上风，他们无法容忍任何触动自己利益的改革，短暂的维新运动没有带来什么实质性成果。危亡之际，又一场新的农民运动开始席卷中国。

陈祖章雕橄榄核舟
现藏台北故宫博物院

历史加油站

保皇党

康有为、梁启超等维新派逃往国外后，虽然受到清政府的通缉，仍然坚持君主立宪制。康有为继续宣传维新思想，建立了“保救大清皇帝会”。光绪帝去世后，保皇党继续力主保留皇帝，坚持君主立宪。中华民国建立后，还发生了一次“张勋复辟”，企图恢复清王朝的统治。结果，复辟仅仅十二天就失败了，张勋逃入荷兰使馆，保皇党行动失败。

19 义和团运动

义和团原称是义和拳，最开始是练拳习武的民间结社组织。起初，义和团同当时清朝大部分秘密团体一样，反对满族统治，口号是“反清复明”，但由于帝国主义侵略者的步步紧逼和外国传教士活动的日益猖獗，义和团改变策略，将口号改为“扶清灭洋”，吸引了大量群众，声势逐渐壮大。当时一些外国传教士横行乡里，与普通老百姓之间的矛盾越来越大，群众积恨成仇，义和团与教会的斗争此起彼伏，成为反对外国侵略势力的重要组织。

义和拳是男性组织，女性组织则叫红灯照。他们说自己练功练到刀枪不入的程度，对于洋鬼子的枪炮，那是不用怕的。当时老百姓信鬼神，也很容易相信义和团的说法，于是迷信之风盛行，义和团也发展得特别迅速。

义和团起初是在山东、河北盛行，后来发展到了北京、天津，迅速在华北地区发展壮大起来。河北的官员跟慈禧太后说义和团勇敢、可靠，慈禧太后觉得可以利用他们反对洋人，便改“剿灭”为“招抚”，承认义和团的合法地位。这样义和团就合法进入了天津、北京。

来到京、津后，义和团沿途张贴文告，揭露帝国主义的侵略罪行，他们通过捣毁教堂、拆毁铁道、砍断电线等方式，表达对外国侵略者的愤怒。到了公元1900年夏，义和团控制了京津地区，他们提出“扶清灭洋”口号。“灭洋”很好理解，

“扶清”则表示他们还是站在清朝一边的。

慈禧太后见义和团可以利用，经过四次御前会议，决定同时向各国开战。六月，英、美、俄、日、法、德、意、奥八国组织联军两千多人，在英国海军司令西摩尔的率领下，从天津向北京进犯。义和团在北京和天津之间的廊坊阻击敌人，八国联军与义和团展开交战，被迫退回天津。

八月，八国联军一万八千多人从天津出发进攻北京。几万义和团团民拿着他们的引魂幡、混天大旗、雷火扇、阴阳瓶、九连环、如意钩、火牌、飞剑及其他“法宝”进攻外国军队，但实力相差太大，这些武器和招数并不能阻挡洋枪洋炮，义和团损失很惨重，渐渐不支。

慈禧太后见势不妙，赶紧带着光绪帝逃离京城，一路从河北、山西逃到西安。在惊慌逃难的过程中，慈禧太后认识到义和团是对付不了洋人的，于是改变主意，下令剿杀义和团。

慈禧在出走时发布上谕，将战争的责任推到义和团头上，并命令各地清军予以剿杀。义和团迅猛的发展得益于清廷的支持，在清廷态度变化后，许多义和团组织迅速消亡，但也有部分义和团余部在坚持抵抗。

十四日，八国联军攻陷北京，义和团运动在中外反动势力的镇压下失败了。八国联军则在北京报复性烧杀抢掠，犯下的罪行罄竹难书。近代历史上，北京第二次被外国军队攻陷，这真是中国历史的耻辱！

慈禧太后只得派出李鸿章收拾残局，病入膏肓的李鸿章拖着病体与外国人谈判。慈禧太后认为只要不追究她本人责任，什么条件都可以接受，李鸿章只得在谈判桌上一退再退，最后双方决定签署《辛丑条约》。

《辛丑条约》的内容十分屈辱，清政府需赔款白银四亿五千两，由于赔款数额巨大，清政府一时不可能拿得出，只能分三十九年还清，连本带利共计九亿八千万两，实际上约是赔款的两倍。同时还允许外国军队驻扎在北京和周边地区，实际上把枪口时刻对准着朝廷中枢，清政府完全成了外国人的傀儡。

《辛丑条约》是中国近代史上赔款数目最大、主权丧失最严重的不平等条约。而李鸿章在签署条约之后不久就死了，这也预示着大清帝国的衰落、灭亡已成定局。

黄地粉彩梅鹊纹碗
现藏故宫博物院

历史加油站

慈禧西狩

所谓“狩”，就是古代皇帝出去打猎。慈禧西狩是一种美化的说法，实际上就是逃难。慈禧太后在八国联军攻入北京的第二天凌晨带着光绪帝逃往陕西西安。慈禧太后在西安待了将近一年，当时负责跟八国联军谈判的是李鸿章，最终双方签署了《辛丑条约》。公元1901年，逃亡的慈禧太后回到了北京。慈禧西狩，让清廷意识到和西方侵略者间的国力差距，为清末新政打下了基础。

20 孙中山的努力

公元1901年，在西安待了一年的慈禧太后在签订《辛丑条约》之后决定回京，八国联军侵华和义和团的惨败使她意识到变法图强、学习西方先进制度还是很有必要的。所以一回到北京，她便着手各种改革，比如废除科举制、预备立宪等，史称“清末新政”。但实行预备立宪，选入新内阁的成员大多是皇族亲贵，他们并没有救亡图存的觉悟，依然维护着统治阶级的利益。显然，清帝国的近代化转型已经不可能由清廷自身来完成。

那么，谁来拯救中国？

此时，伟大的革命先行者孙中山站了出来，这位广东人本名为孙文，后来在日本从事革命活动时曾化名“中山樵”，故后称孙中山。

孙中山少年时代就特别爱听太平天国的故事，他十四岁在檀香山（在今美国夏威夷州）就读于英国和美国传教士创办的教会学校，十八岁回国，在香港、广州学习医学，以优异的成绩毕业后，开始在澳门、广州一带行医。但他在行医过程中认识到“医国”比“医人”更重要，于是毅然走上革新政治、反清革命的道路。

二十八岁的孙中山北上天津，上书李鸿章，提出变法自强等多项改革建议，但他人微言轻，李鸿章根本不予理会。失望之余，孙中山认识到只有推翻清王朝的统治，才能救中国。同

年十一月，孙中山回到檀香山联合华侨成立兴中会，号召“驱除鞑虏，恢复中国，创立合众政府”。可以说，他的这个主张非常大胆，也非常超前。

公元1895年，孙中山回到香港成立兴中会总会，同时开展筹款和筹建军队的秘密工作，准备在广州发动武装起义。然而起义的消息遭到泄露，陆皓东等人被捕牺牲，孙中山遭到清政府通缉，被香港当局驱逐出境。从此他断发改装，开始了长达十六年的海外流亡生活。在海外流亡期间，孙中山的革命之心不死，先后在日本、美国、英国等国考察社会实际，发展革命组织，为继续革命做准备。

《辛丑条约》签订后，清政府沦为帝国主义统治中国的工具，国内的革命思潮鹊起。在舆论宣传上，章炳麟的《驳康有为论革命书》、邹容的《革命军》、陈天华的《猛回头》和《警世钟》均引起了很大的社会关注，这些著作号召人们推翻清政府的统治，建立民主共和制度。在组织机构上，黄兴、陈天华、宋教仁等留日学生在长沙创立华兴会，蔡元培、徐锡麟、陶成章等在上海成立光复会，和孙中山创办的兴中会一道形成革命会党。

在长期的革命斗争中，孙中山的主张逐渐得到其他的认可，成为革命公认的领袖。

为了集中革命力量，建立统一的革命组织，公元1905年，孙中山联合兴中会、华兴会、光复会等革命团体的成员，在日本东京成立了中国同盟会。在成立大会上，确定了“驱除鞑虏，恢复中华，创立民国，平均地权”的政治纲领，并选举孙中山为同盟会总理，建立领导机构。

中国同盟会是第一个全国规模的、统一的资产阶级革命政党。它的成立，使全国资产阶级革命派有了一个统一的领导和明确的奋斗目标，大大推动了全国革命的发展。

之后，中国同盟会决定创办《民报》，通过这份机关报宣传同盟会主张。孙中山在《民报》发刊词中，将同盟会的政治纲领阐发为“三民主义”——“民族”“民权”“民生”。三民主义成为孙中山领导资产阶级革命的指导思想。其中民族主义就是“驱除鞑虏，恢复中华”，即推翻清王朝的统治，反对民族压迫；民权主义就是“创立民国”，它是三民主义的核心，即推翻君主专治政体，建立资产阶级专政的议会制共和国，国民一律平等，总统和议员由国民选举产生；民生主义就是“平均地权”，实行土地国有。孙中山认为只有实现三民主义，才能使中国完成近代化。

思想理论提出来了，究竟该怎么实现呢？

孔雀石罗汉山子
现藏美国大都会艺术博物馆

历史加油站

李鸿章

李鸿章，安徽合肥人，晚清名臣，世人称他为“李中堂”。李鸿章是淮军和北洋水师的创始人和统帅，也是洋务运动领袖之一，建立了中国第一支西式海军——北洋水师。一生参与了一系列重大历史事件：镇压太平天国运动、镇压捻军起义、洋务运动、甲午战争等，代表清政府签订了《越南条约》《马关条约》《中法简明条约》《辛丑条约》等一系列不平等条约。公元1901年，李鸿章病逝于北京。

21 辛亥革命

创立新国家，还是继续维持“大清”？不同的人有不同的立场。

就在中国同盟会成立的公元1905年，清政府派出镇国公载泽、户部侍郎戴鸿慈、兵部侍郎徐世昌、湖南巡抚端方、商部右丞绍英五大臣出洋考察，向西方学习君主立宪制度。五大臣考察归来，国内要求实行立宪政体的呼声直上云霄。公元1906年，清政府颁发《宣誓预备立宪谕》，康有为、梁启超当年想施行的君主立宪制度终于提上日程。

然而这道预备立宪谕令实际上是对人民的欺骗。清政府于公元1906年颁布谕旨，但到了1908年才宣布预备立宪，颁布《钦定宪法大纲》。看到没？这只是“大纲”，而且宣布“立宪”只是“预备立宪”，以九年为限。无论政策、进程，还是内阁人选，清政府都没有表示出诚意。

就在清政府慢腾腾“预备立宪”的时候，同盟会的革命者们可等不及了。

公元1906年冬，同盟会会员刘道一、蔡绍南在江西与湖南交界的萍乡、浏阳、醴陵发动武装起义。刘道一、蔡绍南的这次起义人数不少，有三万人，整个过程持续一个多月。虽然起义最终失败了，同盟会的声望却被传播开来。

公元1907年夏，光复会的徐锡麟又在安庆发动起义，刺杀安徽巡抚恩铭。这次起义军与清军激战了四个小时，终因寡不敌众而失败，徐锡麟牺牲。

这次起义中，革命志士秋瑾女士原本准备在浙江绍兴策应，但因为歹徒告密，秋瑾被捕遇难。

孙中山策划的起义也准备在公元1911年进行。公元1910年，孙中山同黄兴商讨在广州起义，会后孙中山赴欧美各国筹集起义经费，黄兴则到香港设立统筹部，作为起义的领导机关。然而，就在这个过程中，情况出现了变化，黄兴只得临时决定提前起义。他亲率百余名革命党人攻入两广总督衙门，总督张鸣岐吓得翻墙出逃。革命党人与清军展开激烈的巷战，苦战一昼夜后，还是以失败告终。后来，起义后收敛的七十二具烈士遗骸被合葬在广州黄花岗，史称“黄花岗七十二烈士”，广州起义也被称为“黄花岗起义”。

虽然多次起义失败，但革命党人的意志并未有丝毫动摇。

公元1911年，一场更大的起义在同盟会的推动下秘密筹划着。这次起义是由湖北革命组织——文学社与共进会主持谋划的，起义的主要力量是湖北新军。但是，革命军参谋长孙武在汉口俄租界制造的炸弹不慎爆炸，这引来俄国巡捕的搜查。孙武负伤逃匿，但起义的名册、文告、旗帜及印信都被搜去。这可是不得了的事儿，湖广总督下令按照搜获的名册抓人，革命党人屡遭迫害，起义领导人刘复基、彭楚藩等被捕，革命军临时总司令蒋翊武逃亡。

眼下形势非常紧迫，起义军决定临时发动起义，武昌城内新军工程营的革命党人率先起义。工程营的革命党人夺取军械库，打开城门迎接驻守城外的炮兵入城，然后步兵和炮兵联合，进攻总督衙门。经过激烈的战斗，起义军最终占领武昌，随后汉阳、汉口的新军也同时响应，武汉三镇终于全部被起义军拿下。

十月十一日，起义军成立湖北军政府，武昌起义取得了胜利。起义胜利后，全国各省尤其是南方各省纷纷响应，到十一月下旬，全国已有一半以上的省份宣布独立，同盟会控制的地盘和清政府控制的地盘形成南北对峙。

辛亥革命冲破了千百年来制约民众的思想牢笼，将新的风气引入中国，对社会习俗的除旧布新具有重要作用，也为民族资本主义的发展提供有利条件。

云白山青图（局部） 吴历绘
现藏台北故宫博物院

历史加油站

巾帼英雄秋瑾

秋瑾出生于福建，秋家自曾祖起世代为官，她被父亲秋寿南许配给王廷钧后，生下两个孩子。秋瑾曾不顾丈夫反对，冲破封建家庭的束缚，自费东渡到日本留学。留学期间，她常参加留学生大会和浙江、湖南同乡会的集会，登台演说革命救国，开展妇女运动。她主张男女平等，认为“女学不兴，种族不强；女权不振，国势必弱”。公元1907年，安庆起义失败，秋瑾在绍兴从容就义，年仅三十二岁。

22 末代皇帝

武昌起义后，各省纷纷独立，迫切需要一个统一的中央政府领导。湖北虽然成立了军政府，但不是中央政府，经过多方协商，决定在南京成立临时中央政府。公元 1911 年 12 月，各省代表在南京集会，选举孙中山为临时大总统。

而此时的孙中山还身在海外，他仍在美国向华侨募款，筹备军费。一听到武昌起义胜利的消息，他立即绕道英、法，争取外交支持，然后回国。回到中国的孙中山受到热烈的欢迎，长江江面的军舰鸣礼炮二十一响向他致敬。1912 年 1 月 1 日，孙中山在总统府宣誓就职，宣告中华民国临时政府成立。

此时的北方政府正在干什么呢？武昌起义时，清朝内阁总理大臣已经是袁世凯，他一面奏请朝廷停止进攻，一面与湖北军政府交涉。南北对峙，革命军想完全消灭清军也非易事。湖北军政府在与袁世凯交涉中，双方逐渐达成通过和平方式实现交接的意向。南京临时政府成立后，孙中山也表示，如果清朝皇帝退位，袁世凯赞成共和，自己也愿意辞职而推选袁世凯为下一任临时大总统。

清王朝是犹豫的，也是无奈的，清朝已经再也没有机会施行君主立宪，他们太让人民失望了！

现在，我们来关注一下清朝的最后一任皇帝溥仪。

溥仪全名爱新觉罗·溥仪，他的年号是宣统。他于公元1908年即位，是光绪帝的继任者。光绪皇帝和慈禧太后仅隔一天相继离世，他们没有机会目睹大清王朝的最终结局。溥仪即位时只有三岁，根本不懂事，到公元1912年退位时，也只有六周岁。历史将一个懵懂的幼童推上了政治舞台。

溥仪不是光绪的儿子。溥仪的爸爸是载沣，和光绪帝载湉是同父异母的兄弟，所以光绪帝是溥仪的伯父。清王朝末期，皇位的继承人已经很难从嫡亲儿子中挑选出来了。光绪帝不是同治帝的儿子，宣统帝也不是光绪帝的儿子，皇位继承后继乏人，便意味着王朝行将没落。

然而清朝统治中国两百多年，中国实行帝制也已经两千多年，皇权思想根深蒂固，皇室怎能轻易割让权位。但即便如此，清政府也明白已经走投无路。在袁世凯的软硬兼施、威逼利诱下，溥仪最终退位。民国元年（公元1912年），临朝称制的隆裕太后以太后名义颁布《退位诏书》。

《退位诏书》宣告了清王朝两百多年统治的结束，也宣告着持续两千多年的封建帝制落下帷幕。

某种程度上，溥仪是幸运的，他糊涂即位，糊涂退位，虽然亲历了历史，却并不明白他的退位代表着一个时代的终结和新时代的开启。这个从小就活在温柔乡的皇帝日后也不懂得政治的利害，退位后的他继续在紫禁城里生活、成长，后来又被冯玉祥赶出了紫禁城，再往后他到天津过着花天酒地的生活，

又受到日本人的蛊惑，做了伪满洲国的傀儡皇帝……从小生在帝王家，未必是好事，溥仪就是典型的一个例子。

随着清朝末代皇帝的退位，大清帝国的历史在公元1912年终止。

三岁的溥仪（右）站在父亲醇亲王载沣和弟弟溥杰身边

历史加油站

袁世凯

袁世凯是中国近代史上著名的政治军事人物。他早年发迹于朝鲜，归国后在天津小站训练新军，受到李鸿章的赏识。戊戌变法期间由于出卖维新派，得到慈禧太后的信任。清末新政期间他积极推动近代化改革。慈禧太后死后，袁世凯成为实力派人物。辛亥革命后，袁世凯代表清朝与孙中山谈判，逼清帝退位。孙中山辞职后，袁世凯继任为中华民国临时大总统，后又成为首任正式的中华民国大总统。

23 清朝的文学

清朝继承明朝文学的发展，继续出现水平很高的作品，最有代表性的就是《红楼梦》。《红楼梦》与明朝的《西游记》《水浒传》《三国演义》并称“四大名著”。

《红楼梦》的作者是曹雪芹，他的祖父曹寅是康熙时期的江宁织造郎中。江宁织造在明清两朝的地位非同一般，不仅经营江南地区的丝绸产业，还负责采买各种皇家御用物品。康熙皇帝下江南，就曾住在曹寅家里。在《红楼梦》的第十六回里就有：“现在江南的甄家，嗳哟哟，好势派！独他家接驾四次……别讲银子成了土泥……”的描述。

曹雪芹从小生活在这样的家族里，享受过一段荣华富贵的生活，这也使得他所写的《红楼梦》能够逼真地展现贵族阶层的生活状态。然而到了雍正时代，曹家因亏空获罪被抄家，曹雪芹的家族也因此败落。曹雪芹后来北上，移居北京西郊，从此过上了穷困潦倒、衣食无着的生活。

随着年龄增长，曹雪芹开始回顾自己家族由盛而衰的过程，对社会有了深刻的体验和清醒的认识，决心拿起笔来，虚构一个如诗般的红楼世界。他“披阅十载，增删五次”，在极为艰苦的条件下，以坚韧不拔的毅力进行小说《红楼梦》的创作。我们今天能够看到的他亲笔所写的前八十回，起初命名为《石头记》，后来另一个文学家高鹗续写了后四十回，改名为《红楼梦》，在乾隆时代正式出版发行。

《红楼梦》以贾、史、王、薛四大家族的兴衰变化，深刻反映了社会现实，以贾宝玉与林黛玉的爱情悲剧故事为主线，塑造了贾宝玉、林黛玉、薛宝钗、王熙凤、刘姥姥等人物形象鲜明的角色，揭露了封建社会的种种黑暗和罪恶，展示出深刻的社会矛盾。各种人物反抗封建礼教、追求个性解放，承载着曹雪芹的思想追求。

《红楼梦》全书背景广阔，情节复杂，头绪繁多，书中有姓名的人就有七百多人，如此严谨的结构、精炼而生动的语言，在艺术上达到了极高的水平。如今，《红楼梦》已经被译成多种文字，是世界文化宝库中不可多得的名著。

吴敬梓的《儒林外史》则是古代讽刺小说的高峰。这部成书于乾隆时期的长篇小说，用写实的手法描绘了各类人士对于“功名富贵”的不同表现，我们所熟悉的《范进中举》就是其中十分典型的故事。这本小说虽然设定故事发生的时间是在元末明初到明朝万历四十四年，实际上吴敬梓假托明朝用“外史”的方式描绘出清朝人丰富的社会生活，反映出作者同时代文人在科举制度下的种种厄运。

清末社会黑暗，清末文学还发展出谴责小说，最有名的四大谴责小说分别是李伯元的《官场现形记》、吴沃尧的《二十年目睹之怪现状》、刘鹗的《老残游记》和曾朴的《孽海花》。谴责小说广泛揭露和批判现实，往往通过报刊连载的方式，利用近代传媒传播资产阶级改良主义，提出挽救社会的主张。

除了长篇小说，还值得我们特别关注的是蒲松龄的《聊斋志异》。我们可能通过各种影视剧看过《聊斋志异》里光怪陆离的故事，这都要感谢蒲松龄的搜集、整理。蒲松龄早年参加科举屡试不第，只能以教书为生。但蒲松龄自幼便对民间鬼神故事感兴趣，为了搜集素材，他在家门口开了一家茶馆，来喝茶的人可以用一个故事代替茶钱，于是大量神秘离奇的故事汇集到蒲松龄的茶铺，经过他的整理、加工，变成了短篇小说集《聊斋志异》。

清朝文学也不只有小说，诗歌、散文仍然保持了较高的水平。清初纳兰性德的诗歌清丽婉约；龚自珍三百一十五首《己亥杂诗》直抒胸臆；丘逢甲的诗歌表达了对失去台湾的痛苦和惋惜。他们的作品都在文学史上占有一席之地。

这里还要特别一提的是梁启超，这位维新派的启蒙者不仅是一个思想家，也是文章大家。梁启超的文章酣畅淋漓，《少年中国说》是不得不读的佳作。晚年他投入历史学研究，并经常通过文章与时俱进地表达新思想。结集而成的《饮冰室合集》包罗万象，是研究近代中国政治、思想、文化的重要材料。

猫石图（局部）朱耷（dā）绘
现藏故宫博物院

历史加油站

清朝的艺术

京剧是中国的“国粹”，被誉为“国剧”，是在清代融合而成的戏曲形式。京剧的角色有非常明确的划分，一般分为生、旦、净、末、丑五行。这五行与唱、念、做、打相结合，全面、集中体现了中国戏曲的精华。

清代绘画继续元、明的趋势，文人画日益占据画坛主流，山水画和水墨写意画盛行，涌现出了“四僧”“扬州八怪”这样一批名画家。“扬州八怪”中大家比较熟悉郑板桥，他擅长画竹。“四僧”中有一位画家叫“八大山人”，但“八大山人”并不是八个人，而是一个人，名叫朱耷，他的作品以水墨写意为主，形象夸张奇特。

捧读文化
触及身心的阅读
全国总经销

出 品 人 张进步 程 碧

责任编辑 王云弟 张紫薇
特约编辑 方黎明 张浩森
内文排版 刘兆芹 张晓冉
内文插画 张 宇
封面设计 陈旭麟 @AllenChan_cxl